KB213687

나를 단단하게 만드는
태도의 힘

나를 단단하게 만드는 태도의 힘

초판 1쇄 인쇄 2024년 11월 28일
초판 1쇄 발행 2024년 12월 24일

지은이 ㅣ 명대성
기　획 ㅣ 북히어로
편　집 ㅣ 민혜련
펴낸곳 ㅣ 북히어로
전　화 ㅣ 070-7646-3222
이메일 ㅣ bookhero@naver.com
출판등록 2024년 08월 19일 (제559-2024-000014호)
ISBN 979-11-990157-0-8 (03190)

북히어로 ㅣ 백만 명의 가슴에 새기는 글을 만드는 출판사

나를 단단하게 만드는
태도의 힘

명대성
지음

북히어로

태도에 대하여

　행운의 발원지는 태도다. 행운이 그냥 존재하는 것 같지만, 사실 아무런 이유 없이 생기는 경우는 별로 없다. 세상에 존재하는 거의 모든 행운은 사람과 사람 사이의 관계에서 생기는데, 사람의 마음을 가장 많이 건드리는 것이 바로 태도다. 이 태도를 잘 관리하면 삶의 흐름을 바꿀 수 있다. 좋은 태도로 다른 누구도 아닌 자신의 인생을 바꿀 수 있다니, 이보다 더 매력적인 일이 있을까?

　내가 누군가에게 건넨 따뜻한 눈빛과 차가운 눈빛, 긍정적인 말과 부정적인 말, 친절한 행동과 무례한 행동은 모두 흔적을 남긴다. 내가 보낸 것은 상대에게, 상대가 보낸 것은 나에게 깊이 새겨진다. 가끔 친절을 보내고도 불친절로 돌려받을 때는 유감스럽다. 하지만 그런 경험이 사람을 나쁘게 바라보는 이유로 사용되거나, 내 행동을 망가뜨려 보상받으려는 행동 오류로 발전하지는 않았으면 좋겠다. 사람들이 자주 잊어버리지만, 모든 행동은 결국 돌고 돌아 자신에게 되돌아온다. 나에게 직접적으로 돌아오지 않더라도, 누군가에게 전해져 또 다른 사람에게 전달된다. 좋은 것은 좋은 대로, 나쁜 것은 나쁜 대로.

태도의 힘은 우리가 생각하는 것보다 훨씬 강력하다. 상식을 뛰어넘는 힘을 가지고 있는 동시에, 상대에게 전달되는 과정에서 매우 비논리적으로 작동한다. 좋은 태도를 가진 사람이라고 한번 인식되면 그 사람이 하는 행동은 실제보다 더 좋게 포장이 된다. 혹여 잘못을 해도 실수쯤으로 가볍게 넘기는 경우가 많다. 반대로 나쁜 태도를 가진 사람이라는 인상을 주면, 실제 행동보다 더 나쁘게 기억된다. 가벼운 실수에도 큰 잘못을 저지른 사람처럼 취급당하기도 한다. 사람과 사람 사이에서 태도의 힘은 결코 합리적이지 않다.

태도의 영향력은 공간이나 나이를 구분하지 않는다. 특히 좋은 태도는 사람이 가진 스펙이나 능력도 뛰어넘게 만든다. 태도는 사람의 감정이나 상태, 상황과 결합하며 물성이 변하는데, 이 또한 상식으로는 설명되지 않는 일이다. 돈 한 푼 들이지 않고 사람의 마음을 얻는 일이 또 있을까? 좋은 태도는 기회를 만들고, 좋은 사람과의 만남을 선사하며, 상처받은 사람의 마음을 치유하고, 세상을 더 따뜻하게 만든다. 이보다 더 값진 일이 있을까? 이 과정에서 생기는 것이 기회와 행운이다. 좋은 태도는 근사한 행운을 선사하지만, 나쁜 태도는 가진 장점이 없다.

태도가 행운이나 불운을 만드는 일이라면, 그 태도를 선택하는 건 개인의 몫이다. 무엇을 선택하든 자유지만, 좋은 태도를 선택하면 자신의 인생을 더 단단하게 만들 수 있다. 이보다 더 주목해야 할 인생의 힌트가 있을까? 앞에서도 말했지만, 태도는 상식을 뛰어넘는 힘을 가지고 있는 이상한 '명사'다. 내가 지나왔던 관계를 조금 복기하면 알 수 있는 부분이기도 하다. 누군가의 작은 배려에 필요 이상의 감동을 하기도 하고, 아무것도 아닌 일에 버럭 화를 내기도 하지 않았던가. 이런 모습을 우리 삶 속에 자주 경험하지 않는가?

좋은 감정에 비해 나쁜 감정은 더 쉽게 퍼진다. 사람들은 종종 아무 잘못도 없는 친구나 가족, 동료에게 짜증을 내곤 한다. 이는 다른 사람에게 받은 나쁜 감정을 또 다른 사람에게 던져 버리는 일이다. 얼마나 어리석은 일인가. 좋은 감정은 괜찮지만, 나쁜 감정은 관계에 아무런 도움이 되지 않는다. 적어도 감정과 태도는 분리하자. 나 자신의 건강한 삶을 위해서, 그리고 종로에서 뺨 맞고 한강에 가서 눈을 흘기는 멋 없는 사람이 되지 않기 위해.

태도는 사람과의 관계뿐만 아니라, 인생의 기회와도 깊이 연결된다. 면접에 가서, 이전 회사를 욕하면 좋은 평가를 받기 어렵다. 면접관의 질문에 불평만 늘어놓는다면, 실력이 아무리 뛰어나도 면접관에게 좋은 인상을 주기 어렵다. 이때 가장 큰 피해자는 자신이다. 반면, 능력이 조금 부족하더라도 자신감 있고 긍정적인 태도로 임한다면, 면접관은 그 태도에서 가능성을 보고 기회를 주고 싶어 한다. 이런 현상은 회사에서만 생기는 것일까?

태도는 사람을 배신하지 않는다. 상대의 좋은 태도에 기분이 좋아지는 것, 상대의 불쾌한 태도에 기분 나빠지는 것은 인간의 본능이기 때문이다. 좋은 태도는 사람 사이의 장벽을 허물고, 넘기 힘든 장벽을 뛰어넘게 하고, 기회를 만들어 낸다. 어떤 식으로 활용할지는 자신의 선택에 달렸다. 이 순간에도 누군가는 좋은 태도 덕분에 기회를 얻고 있을 것이다. 당신도 그 기회를 만들 수 있다. 그리고 잡을 수 있다. 삐딱한 마음을 버리면,

우리 모두 기회를 만날 수 있다.

오직 당신을 위해 이 글을 썼다. 이 글이 당신의 삶을 더 단단하게 만들어 줄 것이라고 믿는다. 인생의 지혜를 찾고 있을 또 다른 나에게 이 글을 바친다.

이 책이 당신에게 좋은 기회를 가져다주길 바라면서,

명대성

차례

• • •

"나를 단단하게 만든다는 것은 타인의 기대가 아닌,
나만의 길을 선택하며 내 안의 힘을 발견하는 일이다."

PART
01
· · ·

나를 단단하게

01

누구를 위해서가 아니라
나를 위해서

사람들은 흔히 좋은 태도가 '타인을 위한 내 행동'이라고 생각한다. 그래서 해도 좋고, 안 해도 크게 문제가 되지 않을 것처럼 여긴다. 사람을 친절하게 대하고, 배려하고, 예의를 지키는 것이 상대방을 위한 행동이라고 생각하기 때문이다. 하지만 사실 좋은 태도는 타인을 위한 것이 아니라, 나를 존중하는 가장 세련된 방법이다. 내가 타인에게 보여 주는 태도에 가장 먼저 영향을 받는 사람이 나 자신이기 때문이다. 내 행동이 곧 나를 평가하고, 그 평가가 내 가치를 결정짓는다. 이 원리는 어떤 경우에도 변하지 않는다.

"내가 이렇게 행동하는 건, 다 당신을 위해서입니다"

나는 세상에 존재하는 많은 문장 중에서 이 말이 가장 이율배반적이라고 생각한다. 안타깝게도 상대를 위해 이 말을 사용하는 사람을 거의 본 적이 없다. 연인이 원치 않는 행동을 하면서 '사랑'이라는 이름을 붙이는 것, 아이가 원하지 않는 일을 강요하면서 '너를 위한 것'이라고 다그치는 부모, 상사가 후배 직원에게 막말하면서 '이게 다 널 위해서야'라고 외치는 것 중 진정 상대를 위한 행동은 얼마나 될까? 사실 이 모든 말은 그저 자신을 위한 합리화에 불과하다. 이런 행동이 상대를 배려하는 것처럼 보이지만, 결국은 가장 이기적인 태도일 뿐이다.

나는 '내 말투가 원래 이래', '내 성격이 원래 그래',라는 말을 좋아하지 않는다. 이 말은 결국 '나는 너를 위해 노력할 생각이 전혀 없다'라는 의미와 같기 때문이다. 함께 살아가기 위해서는 어느 정도 서로를 위해 노력해야 하는 것이 아닐까? 그런데도 우리는 이런 어색한 말을 흔하게 사용한다. '내 말투가 이래서 그렇지, 내 마음은 그렇지 않아'라거나 '내가 성격이 이래서 그렇지, 뒤끝은 전혀 없어' 같은 말들 모두, 결국은 상대를 위한 노력을 포기한 자의 변명일 뿐이다.

남편이 아내에게 좋은 태도로 대해 주면, 가장 큰 수혜자는 누구일까? 바로 남편 자신이다. 좋은 태도는 아내의 기분을 좋게 만들고, 그 행복감은 결국 남편에게도 돌아온다. 반대로 아내의 기분을 상하게 만들면 가장 큰 피해자는 남편 자신이다. 입장을 바꾸면, 아내 역시 마찬가지다. 모든 관계는 상호적이다. 배우자에게 지켜야 할 태도는 상대방을 위한 것처럼 보이지만, 사실 자신을 존중하는 일이다.

매일 배우자와 다투면서 '내가 이렇게 행동하는 건 당신 때문이다'라고 말하는 것은 결국 상대와 '누가 더 못났나?' 하는 경쟁을 하며 인생을 소모하는 일이다.

"요즘 시대에 일만 잘하면 되지 예절 같은 것은 왜 신경 써야 하나요?"

"혹시 일을 매우 잘하시나요? 예절을 지키지 않아도 될 만큼? 그렇다면, 그건 당신의 선택입니다."

한 기업의 신입 사원 강의에서 받았던 질문과 답변이다. 세상에 정답은 없다. 그리고 나는 그 정답을 알지 못한다. 이 글에서 말하고자 하는 것은 정답이 아니라, 삶에 도움이 되는 알고리즘을 발견하자는 것이다. 예절을 지키지 않는다고 해서 모두 이상한 사람이 되는 것도 아니다. 각자 선택하고 행동하면 된다. 그리고 자신의 행동에 책임을 지면 된다. 태도가 나빠도 잘

되는 사람은 잘된다. 하지만 직장인 중에서 예절을 지키지 않으면서도 인정받을 만큼 일을 잘하는 사람은 본 적이 없다. 금수저로 태어나면 다를 수 있을까? 내 경험이 특이한 탓일 수도 있지만, 몇 개월 동안 같은 방법으로 교육하고 같은 생각을 전했음에도 서로 다른 결과를 본 적이 있다. 중견 기업 오너 2세들에게 OJT 교육을 진행했는데, 한 사람은 회사에서 직원들로부터 좋은 평판을 받는 리더로 자리 잡았고, 다른 한 사람은 직원들과의 갈등으로 항상 노조와 문제를 일으켰다. 두 사람의 차이는 바로 직원들을 대하는 태도에 있다. 결국 내가 선택한 태도의 결과는 내가 감당할 몫이다. 그것이 어느 쪽이든.

미국의 심리학자 윌리엄 제임스는 '우리의 감정은 우리가 그 감정을 표현하는 방식에 따라 형성된다'라고 말했다. 내가 좋은 태도를 가질 때, 그것은 단순히 상대방을 배려하기 위한 행동이 아니다. 배우자나 연인에게 좋은 태도를 가지는 것, 직장에서 서로에 대한 예의를 지키는 것, 친구에게 선을 지키는 것은 모두 자신을 위한 일이다. 삶이 건강해지기 위해서는 태도의 개념부터 정확하게 설정해야 한다. 그래야 내 행동에 책임을 질 수 있다. 태도의 힘을 인식하는 것은 매우 중요한 일이다. 어떤 식으로든 내 삶에 영향을 끼치고 내 기분에 연결되기 때문이다. 상대방을 위해 억지로 과한 예의를 차리거나, 내키지 않는 행동을 할 필요는 없다. 어떤 태도가 나에게 손해를 끼치지 않고 유익을 주는지만 생각하면 된다. 내가 더 나은 감정을 가질 수 있도록 스스로 배려하는 것이 중요할 뿐이다. 이것이 진정한 '나를 위한 좋은 태도'다. 그래야, 어떤 상황에서도 흔들리지 않고, 자신의 감정과 마음을 지킬 수 있다. 내가 나를 먼저 사랑하고 존중해야 타인에게도 진정한 배려와 존중을 베풀 수 있지 않을까.

나를 위한 일과 타인을 위한 일 사이에서 밀고 당기기를 하며, 마음 떠넘기기를 할 때가 있다. 타인을 위한 일인데 나를 위한다고 생각할 때도 있고, 나를 위한 일인데 타인을 위하는 일이라고 포장할 때도 있다. 언젠가 부장급 팀장이 갑자기 퇴사해서 팀장이 된 후배가 상담을 해 온 적이 있다. 팀장이 되니까 일이 너무 많고, 부장급이 하던 것을 과장인 자신이 하려니 너무 부담이 크다는 것이다. 이 친구가 내게 들려준 말은 '팀장이고 뭐고 이직하고 싶은데, 후배들 때문에 억지로 일하고 있다'는 말이었다. 진심은 무엇일까? 이럴 때는 우선 자신의 마음을 솔직하게 봐주는 것이 중요하다. 동료들 때문에 억지로 하는 것이라면, 자신을 위해 그냥 떠나도 된다. 세상은 내가 아니어도 의

외로 잘 돌아간다. 만약 후배들을 볼모 삼아 회사에 뭔가를 요구할 요량이 있는 거라면, 툭 터놓고 이야기를 하면 된다. 회사가 요구 조건을 들어주면 나를 위해 회사에 남고, 들어주지 않으면 나를 위해 떠나면 된다. 그렇게 복잡하고 어려운 일이 아니다. 어떤 것이 진짜 내 마음인지, 원하는 것이 있어서 포장하는 것은 아닌지를 명확하게 하면 된다. 그뿐이다. 나에게 솔직한 것은 인생을 건강하게 사는 가장 현명한 방법이면서 최고의 방법이다.

내가 나에게 솔직해지지 않으면, 누구도 나를 존중해 주지 않는다. 어떤 일이 벌어졌을 때는 핑계 대지 않고 자신을 위한 결정을 내려도 된다. 그것이 나를 소중히 여기는 방법이다. 누구를 위해서가 아니라, 나를 위해 좋은 태도를 갖추고, 나를 위해 친절을 베풀며, 나를 위해 웃어야 한다. 이런 행동이 나에게 유익이 없다면 억지로 할 필요는 없다. 중요한 것은 나 자신이다. 누구를 위해서가 아니라, 나를 위해서.

02

기본기가 탄탄하면
운도 다르게 온다

　　심리학에는 '가면 증후군Imposter Syndrome'이라는 용어가 있다. 이는 자신의 성취나 성공이 단순한 운이나 타인의 도움 덕분이라 생각하며 불안해하는 심리 현상을 말한다. 그 불안감은 '내 무능력이 곧 들통날 것 같다'라는 두려움에서 비롯되는데, 이는 실제일 수도 있고 지나친 겸손에서 생긴 허상일 수도 있다. 그러나 만약 이 불안이 실제로 능력 부족 때문이라면, 그 해결 방법은 오직 하나 '기본기'에 달려 있다. 우리는 모든 부분에서 자신을 좀 더 솔직하게 바라볼 필요가 있다.

　　"내 무능력이 들통날까 두렵습니다"

나에게 이 말을 처음 들려준 사람은 한 강의에서 커리어 상담을 요청했던 부장급 팀장이었다. 그 사람은 40대 후반이었고 중견 기업의 부장이었지만, 회사에서 자신을 과대평가하고 있다는 생각 때문에 극심한 스트레스를 받고 있었다. 과거 네 번의 이직을 성공적으로 해냈지만, 새로 입사한 회사의 활발한 조직 문화 속에서 부족함이 드러날까를 두려워하고 있었다. 그는 '운으로만 20년 넘게 버틴 것이 아닐까?'라는 불안감에 시달리며 자존감이 상당히 낮아져 있었다.

　　이 사람에게 내가 이야기한 것은 단순했다. '운만으로는 지속적인 성공을 유지할 수 없습니다.' 운이 있을지라도 그것을 유지하고, 극복하는 힘은 결국 기본기에서 나온다. 기본기가 없으면 어느 순간 자신의 한계가 드러나기 마련이다. 부장급을 채용하는 중견 기업 이상의 회사는 생각처럼 허술하지 않다. 자신의 현실을 파악하는 것도 중요하지만, 겸손도 지나치면 진짜 무능으로 이어질 수 있다. 실력이 있음에도 자신을 과소평가하는 사람들은 자존감이 낮은 경우가 많다. 그리고 이는 종종 과거부터 이어져 온 자기 평가의 패턴일 수 있다. 이 문제를 해결하려면 전문가의 상담을 받는 것도 하나의 방법이지만, 더 중요한 것은 스스로의 기본기를 점검하고 강화하는 일이다.

무능력의 시작은 감추는 것에서 시작한다

'내가 회사를 자주 옮겨 다니는 이유는, 내 무능함이 들킬 것 같아서입니다'라는 말을 들은 적이 있다. 어린 후배였는데, 그는 자신이 스펙도 능력도 없는데 과대 포장되어 쉽게 회사에 입사했다고 말했다. 입사한 이후에는 '성실한 척'하며 버틴 시간이 대부분이었기에, 2년이 가까워지면 항상 회사를 옮겨야 한다는 강박을 느끼고 있었다. 실제로 그는 회사에서 일을 오래 했음에도 불구하고 업무적으로 가진 능력이 부족했다. 가져야 하는 능력치는 7년 차인데, 실제 능력치는 성실한 2년 차에 머물러 있었다. 언젠가는 해결해야 할 문제가 아닐까.

내가 잘 모르고 부족한 것이 문제가 될까? 배우면 그만이다. 처음부터 잘하는 사람은 없다. 배워야 할 때 배우지 않으면, 나중에는 진짜 무능한 사람이 된다. 20대나 30대에는 어떻게든 옆-Grade어중간한 실력으로 어중간한 회사를 옮겨 다니는 것 하면서 실력을 감출 수 있지만, 40대 이후로는 그런 방법이 통하지 않는다. 자전거를 못 타면, 탈 줄 아는 척할 필요가 없다. 솔직하게 못 탄다고 인정하고 배우면 된다. 모르는 걸 인정하면 알려 주는 사람은 항상 존재한다. 수영할 줄 모르면, 하지 못한다고 말하고 도움을 요청하면 된다. 배우지 않고 아는 척만 하다 보면, 결국 그것이 자신의 한계가 된다. 그리고 그것을 전혀 해낼 수 없는 사람이 된다. 그때가 되면 이미 기회를 놓친 상태일 것이다. 스스로 솔직해지면 배울 수 있는 것이 많아진다. 창피함은 잠시지만, 실력은 평생 남는다.

기본기가 없으면 방황하게 된다

40대를 넘어서면 자연스럽게 알게 되는 것이 있다. 그것은 직장을 떠난 후 받아 줄 곳이 거의 없다는 현실이다. 이직을 해도 이전보다 나은 연봉을 받기는 어렵다. 40대에 이르면 많은 사람이 이 사실을 깨닫지만, 이때도 이것을 외면하는 사람들이 있다. 하지만 50대가 되면 이 상황을 피할 방법이 없다. 그때는 준비할 시간조차 주어지지 않는다. 준비되지 않은 채 밖으로 나간 사람들은 모두 방황하게 된다. 대기업들이 40대나 50대 직원을 퇴직시키면서 후한 퇴직금을 주는 이유도, 그들이 퇴사하면 다른 회사로 갈 수 없다는 것을 알기 때문이다.

30대까지는 대부분 '나 정도면 훌륭하지'라는 근거가 부족한 자신감을 가지지만, 40대 이후에는 '내가 갈 곳이 없구나'라는 냉혹한 현실과 마주하게 된다. 이 시점에서는 진짜 실력 있는 사람만 성장하고 힘을 가질 수 있다. 여기서 말하는 실력이란 대단한 능력이 아니라 기본기를 말한다. 많은 사람이 과소평가하지만, 사실 기본기는 매우 중요한 능력이다. 모두 비슷해 보이지만, 실상은 사람마다 그 깊이와 디테일의 차이가 크다. 더 좋은 조건으로 옮기는 것도, 몸값을 낮춰도 갈 곳이 없는 것도 모두 이 기본기의 차이다. 성과에 기본기가 더해지면 탁월한 능력이 되지만, 성과만 있고 기본기가 없으면 다른 공간에서 인정받기 어렵다.

기본기는 업무 능력, 협업 능력, 소통 능력, 문제 해결 능력에서 비롯된다. 이런 능력들은 대단해 보이지 않지만, 성공을 좌우하는 결정적인 요인이다. 내가 가진 기본기가 진짜인지를 실제로 확인하게 되는 시간은 대개 40대 이후다. 이전에는 확인이 불가하므로 많은 사람이 자신을 고평가한다.

기본기는 디테일로 드러난다

기본기가 운을 이기기 위해서는 단순히 기본기를 갖춘 것처럼 보이는 것만으로는 충분하지 않다. 기본기는 진정으로 체화되어야 한다. 좋은 태도를 갖춘 것처럼 보이는 것이 아니라, 좋은 태도가 자연스레 몸에 배어 있어야 한다. 업무를 잘 아는 것처럼 보이는 것이 아니라, 실제로 업무를 잘해야 하고 잘 알아야 한다. 기본기를 제대로 쌓아야만 디테일이 살아나고, 이 디테일은 작아 보이지만 매우 큰 차이를 만든다. 겉으로만 기본기를 갖춘 것처럼 보이는 사람은 금세 한계에 다다르지만, 기본기가 단단한 사람은 어떤 상황에서도 능숙하게 실력을 발휘할 수 있다. 무엇보다 기복이 없다.

직장 생활 10년이 넘으면 사람들은 자연스레 포장하는 기술을 익히게 된다. 많은 사람은 이 포장 기술을 진짜 능력으로 착각한다. 경력자를 채용하는 회사들은 이런 사람들의 부족한 기본기를 금방 알아챈다. 삶의 방향을 건강하게 가져가기 위해서는 포장이 아니라 진짜 기본기가 필요한 것이다. 기본기를 배우고, 그것을 단단히 다져야만 능력과 합쳐져 진짜 실력이 된다. 이 사실을 20대나 30대에 깨닫고 받아들일 수 있다면, 인생의 방향이 크게 달라질 것이다.

기본기가 탄탄하면 운도 다르게 온다

건물을 지을 때 기초가 튼튼하지 않으면 아무리 멋진 외관을 자랑해도 결국 무너지게 된다. 마찬가지로, 기본기가 없는 사람은 아무리 좋은 기회가 와도 그것을 제대로 활용할 수 없다. 운은 예측할 수 없는 변수이지만, 기본기는 우리가 통제할 수 있는 능력이다. 운을 탓하는 대신, 자신에게 주어진 시간을 성실히 보내며 기본기를 다지고 준비하자.

03

나를 존중하기

"네가 그걸 한다고? 네가 해서 될 거면 나도 하겠다."
"야, 너는 그거 못해."
"그거, 내가 해 봤는데 안 되더라. 너라고 될 거 같아?"

이런 표현을 말로 들려주는 사람도 있고, 눈빛으로 전하는 사람도 있다. 어떤 표현이든 내 자존감을 무너뜨리는 것으로부터 멀어져야 한다. 자존감을 무너뜨리는 말은 한두 마디로도 강력한 힘을 발휘한다. 반대로 자존감을 높이는 말은 매우 제한적이다. 우리는 살면서 수많은 부정적인 말에 부딪히며, 그 말들에 상처받고 꿈을 포기한다. 그런 말들은 마치 가시처럼 사람의 마음에 박혀, 염증을 일으킨다. 문제는 이런 말을 던지는 사람들이 정작 그 말을 할 자격이 있는지는 의문이라는 점이다. 부모든 친구든, 그 누구라도 누군가의 꿈을 짓밟거나 자존감을 깔아뭉갤 권리는 없다. 자존감에 대해서만큼은 스스로 단호하게 대처해야 한다.

　이런 말에 흔들리지 않으려면 거리 두기가 필요하다. 나를 존중하지 않고 나를 갉아먹는 말들로부터 최대한 멀어져야 한다. 그 대상이 가까운 가족일지라도 상처만 남기는 관계라면 적확하게 거리를 두어야 한다. 계속해서 '넌 할 수 없어'라는 주문을 외치는 사람들은 타인의 영혼을 망가뜨린다. 만약 그 목소리가 외부가 아닌 내 안에서 나온다면, 스스로에게 더 큰 경계를 만들어야 한다. 자신을 깎아내리는 부정적 사고는 자존감의 가장 큰 적이다. 이 생각에서 벗어날 때, 비로소 우리는 자신을 소중하게 여길 수 있다.

　우리는 많은 사람과 관계를 맺으면서, 서로 의지하고 도우며 살아간다. 하지만 아무리 가까운 사람이라도 내 자존감을 대신 지켜 줄 수는 없다. 자존감은 내가 나를 어떻게 대하느냐에 달려 있다. 외부의 작은 충격에도 흔들리지 않으려면, 스스로 자존감을 지키는 힘이 있어야 한다. 그렇지 않으면, 누군가의 사소한 말 한마디에도 나 자신을 잃게 된다.

"자기가 뭐 대단한 사람이라고 책을 써, 그런 책을 누가 읽기는 하겠어?"

"회사에서 일은 안 하고 몰래 책을 쓰고 있었나 봐. 이거 좀 아니지 않나?"

지인이 첫 책을 출간했을 때, 회사 동료들에게서 들은 것은 비아냥이었다. K는 축하까지는 바라지 않았지만, 이런 반응까지는 예상하지 못했다. 그는 책을 완성하기 위해 1년 동안 쉬는 주말 없이 글을 썼다. 그 과정에서 회사 일을 소홀한 적은 없었고, 오히려 가족에게 미안함을 느꼈다. 양해를 구했다고는 하지만, 자신의 글쓰기를 위해 가족과 함께하지 못했기 때문이다. 이런 상황에서 K는 중요한 깨달음을 얻었다. '아, 결국 나를 지킬 수 있는 건 나 자신뿐이구나', '나를 위해서라도 글을 써야겠다', 그때부터 K는 주변의 반응을 무시하고 글을 썼다. 평일에는 퇴근 후 글 쓰는 시간을 확보했고, 주말에는 무조건 글을 썼다. 결국 K는 여러 권의 책을 출간하며 자신을 증명했다. 일곱 번째 책이 독자들의 사랑을 받으면서 30만 부 베스트셀러 작가가 되었다. 그리고 그의 책들을 모두 합쳐 70만 부 이상이 팔려 나갔다. 결국 자신이 지킨 자존감이 급이 다른 작가를 만든 것이다. 만약 그때 자존감을 잃었다면, 그는 글을 포기했을지도 모른다. 결국 그를 지켜 준 것은 외부의 평가가 아니라, 자신을 존중하는 마음이었다.

내가 나를 존중하지 않으면, 세상 누구도 나를 존중해 주지 않는다. 이 단순한 진리를 통해 자기 존중이 우리 삶에 얼마나 중요하게 영향을 미치는지를 가늠해야 한다. 자존감이 높은 사람은 기회가 왔을 때 그것을 자신의 것으로 받아들인다. '이건 내 기회다. 나는 충분히 자격이 있어'라고 생각하며, 그 기회를 놓치지 않는다. 반대로 자존감이 낮은 사람은 기회가 와도 쉽게 믿지 않는다. '이건 나에게 올 기회가 아니야. 뭔가 잘못됐어, 나에게는 너무 과분해', 이런 생각을 하며 스스로 기회를 밀어낸다.

자존감이 부족한 사람들은 스스로 낮게 평가하는 탓에, 자기가 가진 능력조차 의심한다. 이런 의심은 기회 앞에서 쉽게 드러난다. '내가 할 수 있을까? 내가 정말 이 기회를 받을 자격이 있을까?'하며, 기회가 와도 그것을 붙잡지 못하는 이유는 자기 불신 때문이다. 기회는 자주 오지 않지만, 자존감이 낮은 사람들은 그 드문 기회조차도 스스로 자격이 없다고 느끼기 때문에 쉽게 흘려보낸다.

자기 불신이 무서운 것은 나이가 들어도 쉽게 변하지 않고, 오히려 점점 강화된다는 것이다. 10대든 20대든, 심지어 40대가 되어도 자존감이 낮은 사람들은 여전히 자신을 의심한다. 그리고 자신에게 야박하다. 자존감이 낮다는 건, 삶을 살아가는 데 있어 스스로 장애물을 만드는 것이다. 자신을 존중하지 않으면, 내 안에서 어떤 가능성도 싹트지 않는다. 어떤 것도 내가 할 수 없다고, 나는 기회를 잡을 자격이 없다고 스스로 결론 내리게 된다.

기회는 때때로 능력보다 자신감과 용기를 보고 찾아온다. 어떤 기회는 실력이 부족해도 그 사람의 자신감에 이끌려 오기도 한다. 반대로, 확실한 기회임에도 불구하고 자신감이나 용기가 없으면 그 기회는 자연스레 사라진다. 결국, 자존감은 기회를 붙잡는 데 있어 결정적인 열쇠다. 물론, 자존감이 높다고 해서 모든 기회가 내 것이 되는 것은 아니다. 하지만, 자존감이 낮은 사람은 어떠한 기회도 스스로 잡지 못한다. 자기 자신을 믿지 않으니, 그 어떤 기회도 그 사람의 것이 될 수 없다.

자존감이 낮은 사람은 사랑에서도 비슷한 어려움을 겪는다. 자존감이 낮으면 상대방을 동경하면서도, 그 차이를 극복하지 못한다. 대개 짝사랑을 하는 사람은 '저 사람은 너무 예쁘고, 나는 그에 비해 너무 별로야'라고 생각하며, 말을 걸 용기조차 내지 못한다. 용기 있는 자가 미인을 얻는다는 말이 있지만, 사실이 말은 자존감 높은 사람이 미인을 얻는다는 말과 같은 말이다. 자신을 믿고, 그 믿음을 바탕으로 행동에 나서면 결국 원하는 것을 얻게 된다.

고백하자면, 나는 20대까지 자존감이 매우 낮았던 사람이다. 어릴 적 나는 짝사랑하는 친구에게 5년 동안 한 번도 마음을 표현하지 못했고, 인생에서 다시 없을 기회가 왔을 때도 그기회를 잡지 못했다. 그건 모두 바닥에 깔린 내 자존감 때문이었다. 그 후 나는 의도적으로 자존감을 회복시키려고 노력했다. 그리고 지금은 누구보다 나를 아낀다. '내가 짝사랑한 친구의 첫사랑이 나였다는 것, 나에게 왔던 기회가 나의 능력과 태도 때문이었다는 것, 그만한 자격이 있었다는 것, 늦게 기억해 냈지만 내가 어릴 때 글을 좋아했다는 것', 자존감을 회복하고 나니 제대로 보이는 것들이다.

그때의 나도 꽤 괜찮은 사람이었고, 지금의 나도 꽤 괜찮은 사람이다. 당신도 당신 안에 있는 꽤 괜찮은 사람을 찾았으면 좋겠다.

04
어지간한 결심은
'일단 해 보기'

"나 오늘부터 술 끊는다."
"나 오늘부터 담배 끊는다."
"나 오늘부터 진짜 살 뺀다."

우리가 밥 먹는 것처럼 자주 하는 말들이다. 이 말들은 특정 시점이 되면 더 자주 사용한다. '오늘부터'와 '내일부터'를 오가며, 결심과 실패의 중심에 있는 말들이기도 하다. 예전에 내가 있던 부서에서 임원이 자주 했던 말이 있다. 나 오늘부터 술 끊는다. 담배 끊는다, 그는 직원들 앞에서 늘 이런 결심을 선언했다. 함께 자주 하던 말은 '오늘부터는 당신들에게 함부로 말하지 않겠다'라는 것이었다. 하지만 이 말은 늘 허언이었다. 술을 끊겠다고 선언해 놓고는 매일 직원들을 술자리로 끌어들였고, 금연을 다짐하면서도 흡연이 금지된 회의실에서 담배를 피웠다. 직원들에게 함부로 말하지 않겠다는 약속 역시 지켜지지 않았다.

이때 나는 그가 우스워 보였다. 그의 말은 하루에 한 번씩 반복되었고, 실천되지 않는 결심은 점점 가벼워졌다. 결국 그의 행동은 미개하게 느껴졌고, 그런 모습은 어느새 우스움이 되어버렸다. 결심은 선언의 힘을 빌리기도 하지만, 잘못 사용하면 독이 될 수 있다. 소문내고 시작한 결심이 실패로 끝나는 경우가 분명 존재한다. 문제라면, 그렇게 실패가 반복되었을 때 어느 순간 자신도 그 실패를 자연스럽게 받아들이게 된다는 점이다. 더 큰 문제는 실패를 더 이상 실패로 느끼지 않는다는 데 있다. 실패에 대해 내성이 생기는 것이다.

"대단한 결심이 아니라면 그냥 하면 된다."
"대단한 결심도 그냥 하면 된다."

매년 새해가 되면 다이어트를 결심하고 헬스장에 등록하는 사람이 많다. '작심삼일이라도 반복하는 게 낫다'라는 말이 있지만, 나는 이 말이 '결국 하지 않겠다'라는 또 다른 표현이라고 생각한다. 실패는 반복되면 습관이 되고 행동의 패턴이 된다. 그래서 같은 실패를 반복하지 않는 것이 중요하다. 결심이 자꾸 실패하는 이유는 그 결심을 숙제처럼 하기 때문이다. 우리는 결심을 너무 특별하게 여기는 경향이 있다. 담배를 끊고 싶다면 그날 피울 담배를 참으면 되고, 술을 끊고 싶다면 그날 술을 마시지 않으면 된다. 다이어트를 하겠다면 복잡한 계획을 세우지 말고 오늘부터 한 끼라도 양을 줄이면 된다. 남에게 말할 필요도 없다.

결심은 거창할수록 실패하기 쉽다. 그냥 시작하는 것이 성공하기에 가장 좋은 방법이다. 완벽한 준비도 필요 없고, 계획도 필요 없다.

완벽한 준비는 필요 없다, 일단 시작하자

많은 사람은 결심을 실행하기 위해서 완벽한 준비를 하려고 한다. 하지만 이런 준비는 항상 시작을 더 어렵게 만든다. 어지간한 결심이라면 일단 해 보자. 오늘부터 걷기 운동을 결심했다면 집에 있는 운동화를 신고 나가면 된다. 복잡하게 계획을 세우는 대신, 지금 할 수 있는 작은 행동 하나를 시작하는 것이 중요하다.

스티브 잡스는 애플을 창업하기 전에 창고에서 작은 일부터 시작했다. 완벽한 준비가 갖춰지지 않았어도, 일단 시작했기에 애플이 탄생할 수 있었다. 우리도 마찬가지다. 모든 것이 완벽할 필요는 없다. 중요한 건 지금 할 수 있는 것부터 시작하는 것이다. 시작은 작은 한 걸음에서 비롯된다.

작게라도 지속하는 힘

결심이 성공하려면 작더라도 꾸준히 지속해야 한다. '일단 해 보기'가 결심의 시작이라면, 그다음은 그 행동을 꾸준히 이어 가는 것이다. 하루에 10분씩 영어 단어를 외우기로 했다면, 하루에 몰아서 2시간 하는 것보다 매일 10분씩 지속하는 것이 더 효과적이다. 작더라도 꾸준히 지속할 때 비로소 결심이 실현된다.

하버드 대학의 심리학 실험에서도 작은 행동을 꾸준히 지속하면 큰 목표를 달성할 가능성이 높아진다는 결과가 나왔다. 작은 성공이 쌓여 큰 성과를 이룬다는 것이다. 처음엔 보이지 않던 변화가 서서히 눈에 띄기 시작하면, 작은 결심이 결국 큰 성과로 이어진다.

결과보다 과정에 집중하기

많은 사람이 결심을 실행하지 못하는 이유는 당장 눈에 보이는 결과를 기대하기 때문이다. 그러나 결심은 결과를 위한 것이 아니라, 더 나은 나를 만들기 위한 과정이다. 결과에 대한 기대가 클수록, 그 기대를 충족하지 못했을 때의 실망감도 커진다. 그 실망감에 우리는 다시 원점으로 돌아가게 된다. 그러니 결과보다 과정에서 내가 얻는 성장을 즐겨 보자.

다이어트를 예로 들어보자. 체중계 숫자가 줄지 않는다고 실망하는 대신, 운동하는 그 자체를 즐겨 보는 것이다. 이 과정에서 느끼는 성취감이 결심을 계속 이어 가게 하는 동력이 된다. 결과가 당장 나타나지 않더라도, 나 자신이 하고 있다는 것을 자각하는 것이 결심을 지속하는 힘이다.

실패해도 괜찮다, 다시 해 보기

결심을 지키기 어렵게 만드는 또 다른 이유는 '한 번의 실패' 때문이다. 우리는 한 번의 실패로 쉽게 좌절하고 포기한다. 하지만 실패는 결심의 과정에서 자연스러운 부분이다. 중요한 건 실패가 아니라, 실패를 대하는 우리의 태도다. 한 번 실패했다고 해서 모든 것이 끝난 건 아니다. 실패는 다시 시작할 신호일 뿐이다.

어지간한 결심이라면, '일단 해 보기'로 시작하자. 완벽한 준비도, 멋진 계획도 필요 없다. 지금 할 수 있는 작은 행동부터 실행에 옮기면 된다. 책을 읽기로 결심했다면, 서점에 가기 전 먼저 내가 가진 책부터 읽어 보자. 결심은 한 걸음 내딛는 순간부터 실행된다.

오늘 내가 할 수 있는 작은 결심은 무엇일까? 그 결심을 이루기 위해 내가 할 수 있는 작은 행동은 무엇일까? 깊이 생각하지 말자. 그저 '일단 해 보기'다. 오늘의 한 걸음이 내일의 변화를 만들고, 그 변화가 인생을 바꾸는 첫걸음이 될 것이다.

그냥 '일단 해 보기'를 실행하는 것이 진짜 결심을 이루는 방법이다.

05

꾸준함이 이긴다

"책을 쓰면 밥은 먹고 살아요?"

책을 쓰는 사람들이 자주 듣는 질문이다. 책을 쓰면 한 방에 인생이 달라질 거라 기대하는 사람들이 있지만, 실제로는 그렇지 않다. 책을 써서 생계를 유지할 수 있을까? 솔직히 말하면 작가의 대부분에게는 꿈같은 이야기이며, 저 말은 상위 1%의 작가 정도나 가능할 법한 일이다. 내가 집필 세계에 들어와 일곱 권의 책을 쓰고 나서야 이 현실을 받아들였다. 작가들은 대개 글을 쓰면서 직장 생활을 병행하거나 강의, 혹은 다른 일을 한다. 어떤 이들은 본업을 돋보이려고 글을 쓰고, 또 어떤 이들은 글을 쓰기 위해 다른 일을 한다.

책을 쓰고 싶다면, 꾸준히 글을 써야 한다. 한 권의 책이나 e북으로 인생을 역전시킬 수 있다는 허황된 말에 휘둘리지 말고, 그저 꾸준히 글을 써야 한다. 사람들은 저마다 지름길을 찾으려 하지만, 세상은 그렇게 간단하지 않다. 기본기를 다져야 할 때 지름길을 찾느라 헤매다 보면, 정작 나아가야 할 때는 제대로 준비가 되어 있지 않아 오히려 출발이 늦어진다. 많은 이들이 이런 경고를 흘려듣고, 한순간의 성공을 꿈꾸다 결국 실패한다. 성공의 지름길은 없다. 세상에는 쉬운 방법도, 공짜도 없다. 제대로 보면 공짜로 보이는 것들이 가장 비싼 대가를 치르게 한다. 글쓰기도 마찬가지다. 책을 쓸 것이라면 시간을 정해 꾸준히 글을 써야 한다. 잘 쓰는 것도 중요하지만, 꾸준히 쓰는 것이 더 중요하다. 그래야 내 글이 세상에 나올 수 있다. 그 이후의 평가는 독자와 운에 맡기면 된다.

할리우드의 유명 스토리 컨설턴트 존 트루비는 '인생을 바꿀 시나리오를 써라. 비록 팔리지 않더라도, 당신의 인생은 바뀔 것이다'라고 말했다. 이 말에 용기를 얻은 김호연 작가는 20년 가까이 무명으로 글을 쓰며 버텼다. 여러 번 좌절했지만, 그는 글쓰기를 멈추지 않았다. 무명의 작가로 생계를 유지하는 것은 어려웠지만, 그는 꾸준히 자신의 이야기를 써냈고, 그 결과

'불편한 편의점'이라는 책이 탄생했다. 이 책은 출간 후 200만 부 이상 팔리며 밀리언셀러가 되었다. 사람들은 200만 부에 주목하지만, 더 주목해야 할 것은 김호연 작가가 20년 동안 꾸준히 글을 써 왔다는 점이다.

김호연 작가는 수많은 영화와 드라마 작업이 무산되고, 책 판매도 저조한 시절을 겪었다. 경제적으로 어려운 상황에서도 글을 계속 쓴다는 것은 결코 쉬운 일이 아니다. 하지만 그는 흔들리지 않고 꾸준히 글을 썼다. 오랜 무명 시절에도 자신만의 이야기를 꾸준히 써 온 그의 노력은 결국 기적을 만들어 냈다. 그것이 운으로 갑자기 생긴 일일까? 그의 성공은 단순한 운이 아닌, 포기하지 않고 꾸준히 글을 써 온 덕분이다.

다른 작가들도 마찬가지다. 내가 아는 몇몇 유명 작가들도 상황에 휘둘리지 않고 꾸준히 글을 써 왔다. 모두 그런 것은 아니지만, 결국 꾸준함이 베스트셀러를 만든다. 한 유명 작가는 자신의 책보다 더 많이 팔린 후배 작가의 글에 대해 '왜 그 책이 베스트셀러가 됐는지 모르겠다. 특별할 게 없는 글인데'라고 말한 적이 있다. 나는 꾸준히 쓰는 것보다 더 특별한 글쓰기 방법은 알지 못한다. 베스트셀러가 된 책은 모두 나름의 특별함을 가지고 있다. 책이 잘 팔리지 않으면 꾸준히 쓰기 어렵다. 배는 고프고 노력과 시간은 너무 많이 들어가야 하기 때문이다. 그러나 꾸준함이 습관이 되면 이런 계산적 생각을 뛰어넘게 한다. 이 꾸준함이 성공의 열쇠가 아닐까? 결국 꾸준히 글을 써야만 독자의 마음을 움직일 수 있다. 글을 잘 쓰는 사람은 결국 끝까지 쓰는 사람이다. 마음을 담아 포기하지 않고 글을 써나가는 사람이 좋은 글을 쓴다. 그리고 그 글은 언젠가 독자들에게 알려지기 마련이다. 이것이 꾸준함이 주는 선물이다.

회사에서는 '실력 있는 사람이 아니라, 잘 버티는 사람이 임원이 된다'라는 말이 속설처럼 퍼져 있다. 과거에는 이 말을 믿지 않았다. 실력이 탁월한 사람이 임원이 된다고 생각했기 때문이다. 그러나 지금은 생각이 다르다. 결국 잘 버티는 사람이 임원이 된다는 말이 맞다. 버틴다는 것은 곧 꾸준하다는 뜻과 일맥상통한다. 물론 이상한 사람들이 임원이 되는 경우도 있지만, 대부분은 꾸준함으로 시간을 채운 사람들이 임원이 된다.

살면서 만나는 사람 중에는 여러 사람이 있다. 그러나 사람을 평가하고 기억하는 데 가장 중요한 기준은 꾸준함이다. 단순히 좋고 나쁨의 문제가 아니다. 마음에 들지 않는 사람이라도 꾸준함이 있으면 최소한 신뢰는 잃지 않는다. 꾸준함이 있는 사람은 예측 가능하고, 그만큼 믿을 수 있다. 꾸준함은 그 사람이 누구인지를 보여 주는 중요한 척도다. 처음에는 친절한 사람처럼 보였지만, 시간이 지나면서 돌변하는 사람은 결코 신뢰를 얻을 수 없다. 회사에서 새로 온 팀장이 '좋은 팀을 만들고 싶습니다. 함께 잘해 봅시다'라고 말해 놓고, 며칠 후 돌변해 괴팍한 태도를 보인다면, 그를 신뢰할 팀원은 없다. 사람들은 말보다는 행동을 보고, 그 행동의 꾸준함으로 사람을 평가한다.

리더에게 꾸준함은 더욱 중요한 요소다. 팀원들이 리더를 따르는 이유는 그 리더가 꾸준히 기준과 방향성을 제시하기 때문이다. 만약 리더가 상황에 따라 말을 바꾸고 행동이 들쑥날쑥하다면, 팀원들은 혼란스러울 수밖에 없다. 꾸준함을 가진 리더는 신뢰를 얻고, 그렇지 않은 리더는 신뢰를 잃는다. 스티븐 코비는 '신뢰는 꾸준한 행동에서 비롯된다'라고 말했다. 꾸준함 있는 리더는 그 자체로 팀원들에게 신뢰를 주는 것이다.

물론 사람은 완벽할 수 없고, 때로는 변화가 필요하다. 그러나 그 변화도 꾸준한 맥락 안에서 이루어져야 한다. 실수는 있을 수 있지만, 그 이후의 태도가 그 사람의 꾸준함을 결정한다. 중요한 것은 순간의 말이나 행동이 아니라, 그것이 쌓여 만들어 내는 꾸준한 흐름이다. 칼릴 지브란은 '행동은 말보다 진실하다. 행동의 꾸준함은 그 사람이 누구인지를 드러낸다'라고 말했다. 말보다 꾸준한 행동이 사람들에게 더 오래 기억되는 것이다.

마지막으로, 꾸준함은 자기 자신에 대한 믿음이다. 자신의 가치와 신념을 지키는 꾸준한 태도는 자신을 지켜 주는 힘이 된다. 누구에게나 자신을 증명해야 할 순간이 찾아온다. 그때 필요한 것은 화려한 말솜씨나 그럴듯한 논리가 아니다. 삶에서 꾸준히 보여 준 행동이 가장 강력한 증거가 된다.

세상에는 그럴듯한 말들이 넘쳐난다. 그러나 결국에는 말을 넘어선 꾸준함이 사람들의 마음을 움직이고, 신뢰를 만들어 줄 것이다.

06

내 삶을 좀 더
진지하게 바라보기

태도는 과학보다 정직하다. 사람과 사람 사이에서 전혀 꾸 밈없이 드러나며, 상대에게 전달된 태도는 곧장 되돌아온다. 좋은 태도는 좋은 감정으로. 나쁜 태도는 나쁜 감정으로 이어진 다. 이는 인간 본능의 자연스러운 반응이다. 가끔 이 본능을 거 스르려는 사람들이 있지만, 그것은 경제적이지 않다.

학교에서 태도가 좋은 학생이 선생님의 관심을 더 받는 것, 회사에서 태도가 좋은 직원이 상사의 눈에 들어 좋은 평가를 받 는 것은 지극히 자연스럽다. 나에게 잘 대해 주는 사람에게는 고마움을 느끼고, 해를 끼치는 사람에게는 방어 기제가 작동하 며, 나를 서운하게 하는 사람에게는 섭섭함을 느끼는 것, 이 역 시 당연한 일이다. 삶에서 벌어지는 일들을 왜곡하지 않고 있는 그대로 바라보는 것은 매우 중요하다. 현상을 잘못 이해하면 문제의 본질을 왜곡하게 되고, 그에 따른 해결책도 달라지기 때문이다.

인간의 본능이 태도에 민감하게 반응하는 이유는 그 본능이 태도에 맞춰 설계되어 있기 때문이다. 여기서 심리학적 개념인 '거울 뉴런' 이론을 적용해 볼 수 있다. 거울 뉴런은 우리가 다른 사람의 행동이나 감정을 볼 때, 마치 우리가 그 행동을 직접 하는 것처럼 뇌에서 반응하는 신경세포다. 이로 인해 우리는 상대방의 태도나 감정을 자연스럽게 '거울처럼' 반영하게 된다. 심리학자 대니얼 골먼은 그의 책 『Emotional Intelligence』에서 '우리는 타인의 감정을 무의식적으로 감지하며, 그들의 기분이나 태도는 우리의 뇌에서 그대로 반영한다. 이러한 감정적 공명은 인간관계에서 중요한 역할을 하며, 우리의 감정이 상호작용을 통해 관계를 형성하는 근본적인 요소가 된다'라고 설명했다. 이처럼 태도는 감정을 형성하고, 그 감정이 다시 관계를 좌우하게 된다.

자신이 고등학교 선생님이라면 어떤 학생에게 더 이익을 주게 될까? 수행 평가나 세부 특기사항 등 교사의 주관적인 평가가 개입될 수밖에 없는 영역에서, 학생의 태도는 중요한 변수로 작용한다. 교사는 모두에게 같은 점수를 줄 수 없기에, 태도와 노력이 평가의 변별력을 결정짓는다.

마찬가지로, 회사의 사장이라면 어떤 직원을 더 챙기게 될까? 인사를 잘하는 직원, 근태가 좋은 직원, 상사의 지시를 긍정적으로 받아들이는 직원은 자연스럽게 더 호감을 얻게 된다. 성과가 아무리 좋아도 태도가 나쁘다면, 그 사람은 결국 높은 평가를 받기 어렵다. 음식 맛집을 평가할 때도 맛 자체뿐 아니라 직원들의 태도에 따라 전반적인 평가가 달라지는 것처럼, 회사에서의 성과도 태도가 뒷받침되어야 비로소 가치를 인정받는다.

삶에서 좋은 태도를 많이 경험한 사람은 세상을 긍정적으로 바라본다. 반면, 나쁜 경험이 많은 사람은 세상을 부정적으로 보게 된다. 그렇기에 좋은 환경과 경험은 개인의 태도에 큰 영향을 미친다. 처음 입사한 회사에서 좋은 상사와 동료를 만난다면, 회사는 긍정적인 이미지로 남을 가능성이 크다. 반대로 나쁜 상사와의 경험은 부정적인 시각을 심어 줄 수 있다.

시간이 흐르면서 우리는 태도가 얼마나 중요한지 깨닫게 된다. 그 사실을 일찍 깨닫는다면, 태도는 삶을 바꾸는 강력한 도구가 될 것이다. 반면, 너무 늦게 깨닫는다면 그 가치를 놓쳐 버릴지도 모른다. 태도는 우리가 생각하는 것보다 훨씬 더 인생에 큰 영향을 미친다. 태도는 사람 사이에서 감정의 상호 작용을 돕는 촉매제처럼 작용한다. 좋은 태도는 좋은 기억으로, 나쁜 태도는 나쁜 기억으로 시간이 지나며 더욱 깊게 각인이 된다.

태도는 선택할 수 있다. 나쁜 상사를 경험했다고 해서 반드시 나쁜 상사가 될 필요는 없다. 나쁜 부모를 경험했다고 해서 내 아이에게 나쁜 부모가 될 필요도 없다. 우리는 언제나 더 나은 선택을 할 수 있다. 좋은 태도를 선택했을 때 가장 큰 이익을 누리는 사람은 결국 자기 자신이다. 나쁜 태도를 선택했을 때도 마찬가지로, 그 피해자는 자신이다. 나쁜 태도가 주는 이익은 없다. 남는 것은 후회와 책임뿐이다.

결국, 태도는 우리의 선택으로 달라질 수 있다. 무엇을 바라보든 진지하게, 그리고 현상을 왜곡하지 않는 용기를 가져야 한다. 태도가 내 삶에 미치는 영향을 진지하게 고민해 보자. 그것은 누군가를 위한 것이 아니라, 나 자신을 위한 선택이다. 이 글이 태도의 중요성을 다시 한번 생각해 볼 계기가 되기를 바란다. 태도에 따라 우리의 삶은 밝아질 수도, 어두워질 수도 있다. 좋은 태도가 당신의 삶을 더 빛나게 하기를.

07

어떻게 질 것인가?

실패는 누구나 겪고 싶지 않은 불편한 경험이다. 하지만 인생에서 실패를 완전히 피할 수는 없는 노릇이다. 인생에는 최선을 다했음에도 원하는 결과를 얻지 못할 때가 많다. 중요한 것은 실패 자체가 아니라, 그 실패를 어떻게 받아들이고 그로부터 무엇을 배우느냐이다. 이기는 것만큼이나 잘 지는 법도 중요하다. 실패 속에서 자신을 돌아보고, 무엇을 내려놓고 무엇을 붙잡아야 할지를 아는 것이 진정한 승자의 태도다. 모든 것을 다 잘할 수는 없다. 그래서 우리는 가끔 포기할 줄도 알아야 한다. 무언가를 내려놓지 않으면, 새로운 것을 붙잡을 수 없다.

실패는 좌절하고 멈춰야 하는 순간이 아니다. 실패를 맞닥뜨리면, 자신을 성장시킬 수 있는 질문을 던질 수 있어야 한다. 이것은 내가 계속해야 하는 일인가, 아니면 노력이 부족한 것인가, 할 수 없는 일을 붙잡고 있었던 것은 아닌가. 노력이 부족했다면, 어떤 노력이 부족했던 것인가, 이런 질문을 통해 실패의 원인에 가까워져야 한다. 실패를 극복하기 위해서는 지금 내가 붙잡고 있는 것 중 무엇을 내려놓아야 할까? 우리는 종종 너무 많은 것을 쥐고 산다. 어찌 보면 실패가 아니라, 애초에 할 수 없는 것을 부여잡은 경우가 많다. 모든 것을 붙들고 놓지 않으려고 하면, 결국 아무것도 제대로 이루지 못한다. 어떨 때는 손에 쥔 것을 내려놓아야 더 중요한 것을 볼 수 있고 잡을 수 있다. 잘 지는 사람은 이 점을 깊이 이해한다. 이 점만 이해한다면, 실패를 더 높은 도약을 위한 발판으로 삼을 수 있다.

직장인들은 회사에서 열심히 일하면서 승진을 기대한다. 승진에서 밀리면, 기분이 좋을 수 없다. 그러나 최대한 빨리 그 실패의 기분에서 벗어나야 한다. 회사라는 공간은 원래 그렇다. 누군가는 승진을 빨리하고, 누군가는 승진에서 밀리게 된다. 이런 상황에서 이 결과는 수용할 수 없어, 말도 안 돼, 이런 생각을 오래 끌고 가면 다음을 기약하는 것이 어려워진다. 속은 불편하겠지만, 의도적으로 의연한 모습을 보일 필요가 있다. 생각이 행동을 전염시키고, 행동이 생각을 바꾸게 만들기 때문이다. 그러나 내면은 단단하게 오기를 품어야 한다. 자신에게 질문을 던져야 한다. 무엇이 부족했을까, 무엇을 더 채워야 할까, 다음에는 어떻게 더 나아질 수 있을까, 이런 생각을 가지고 자신을 돌아보아야 한다. 그래야 자신의 역량을 키울 수 있다.

"식사하려고 기다리시는 건가요?"
"네. 그럼요. 당연하죠."
"오늘은 손님이 많아서 손님을 더 못 받아요."
"그럼 우리는 식사를 못 하는 건가요?"
"예."

동네에 비교적 큰 음식점이 생겼었다. 오픈 초기에 할인 행사를 해서 가족과 함께 오후 7시쯤 방문을 했다. 내부로 들어갔더니 기다리는 사람이 몇 명 보였고, 우리는 그 옆에서 기다렸다. 한 20분쯤 기다렸더니 사장이 나에게 식사할 건지 퉁명스럽게 물었다. 그렇다고 했더니, 오늘은 손님이 많아서 손님을 더 받을 수 없다고 말해 주었다. '왜 이제야 말을 해 줄까?'라는 생각이 들었다. '앞에 몇 팀 없는데, 식사가 안 되나요?'하고 재차 물었더니, 사장 내외는 듣지 못했는지 대꾸를 하지 않았다. 그렇지만 다음 날 더 일찍 방문해서 식사를 했다. 음식은 깔끔하고 맛도 좋았다. 식사하고 있는데, 한 가족이 주인 내외와 실랑이를 벌였다. '아니 어제도 자리가 없다고 해서 그냥 갔는데, 이렇게 일찍 왔는데 손님을 안 받는다고요?', 대충 이런 내용이었다. 그때 사장이 한 말은 '죄송한데, 손님이 너무 많아서 피곤해요. 오늘은 여기까지만 받겠습니다'라는 말이었다. 어제 우리 가족이 경험했던 것과 같은 내용이었다. 우리 가족은 이 가게에 더 이상 가지 않았다. 그래도 맛은 괜찮아서 초반에는 장사가 잘됐다. 그러나 이 가게는 1년이 채 못돼 문을 닫았다. 그런데 얼마 되지 않아, 근처 다른 장소에 다른 음식점을 오픈했다. 그리고 그 가게는 이전 가게보다 더 빨리 폐업했다. 이 부부가 다른 곳에 가게를 오픈한 것은, 첫 가게의 실패가 입지 때문이라고 생각했기 때문이다. 결국 실패의 이유를 실제와 다른 데서 찾은 것이다.

직장인도, 학생도, 가정도 비슷하지 않을까? 내가 어떤 일에 문제가 생기거나 실패했다면, 그 상황을 정확하게 인지해야 다음을 잘 준비할 수 있다. 그러나 실패를 회피하거나, 왜곡시키면 정확한 현상을 발견할 수 없다.

사람들은 실패나 포기라는 단어를 부정적인 의미로 받아들일 때가 많다. 포기하면 곧 실패라고 생각하기 때문이다. 하지만 포기할 줄 아는 것도 중요한 능력이고, 실패에서 배움을 얻는 것도 큰 능력이다. 모든 것을 다 잘하려고 하다 보면, 오히려 더 중요한 것들을 놓치게 된다. 손에 쥔 것을 내려놓을 때, 더 큰 기회를 잡을 수 있다. 쥐고 있으려는 욕심이 오히려 우리의 발목을 잡는다. 잘 지는 사람은 무엇이 진정으로 중요한지 알기 때문에 과감하게 포기할 줄 안다.

실패는 우리가 더 큰 성공을 준비할 수 있는 기회다. 실패가 우리를 정의하도록 그냥 놓아두지 않아야 한다. 그저 실패는 내가 무엇을 포기하고, 어떤 부분에 더 집중해야 하는지를 알려주는 도구일 뿐이다. 잘 지는 사람은 실패 속에서 더 나은 자신을 만든다. 실패는 여정을 끝내는 것이 아니라, 새로운 시작을 하게 만드는 일이다.

포기할 것은 과감히 포기하고, 더 중요한 목표를 위해 자신을 다시 정비하는 사람이 진정한 승자다. 잘 지는 법을 아는 사람은 자신이 놓아야 할 것과 붙잡아야 할 것을 명확히 구분할 줄 안다. 그들은 실패를 통해 성장하고, 더 단단한 자신을 만들어 간다.

결국, 실패를 어떻게 받아들이고 무엇을 배우느냐에 따라 우리의 성장이 결정된다. 실패를 두려워할 필요가 없다. 실패는 오히려 새로운 시작의 기회로 삼아야 할 일이다. 그 속에서 우리는 무엇을 놓고, 무엇을 더 강화해야 할지 배울 수 있다. 실패는 끝이 아니라, 더 나은 미래를 위한 밑거름이 될 수 있다. 오히려 나를 더 강하게 만들고, 더 단단한 자신으로 나아갈 기회를 줄 것이다. 무언가에 실패했을 때, 안되는 이유를 배우지 말고, 해야 하는 것을 찾는 계기로 활용하기를 바란다.

"진심과 배려로 쌓아 올린 관계는
시간이 흐를수록 더 단단해진다."

PART
02
· · ·

관계를 단단하게

01

비워 두어야 하는
자리

"저기요. 자리 좀 비켜 주시겠어요."

"뭐라고?"

"저 임산부인데, 자리 좀 비켜 주세요."

"내가 보기에는, 임산부처럼 안 보이는데."

"저, 초기 임산부거든요."

지하철을 타고 이동하다가 본의 아니게 타인의 다툼을 엿보게 되었다. 이 문장들은 초기 임산부로 보이는 젊은 여성과 임산부석에 앉아 있는 중년 여성 간에 오갔던 대화의 일부다. 이 자리를 두고 생기는 다툼을 간혹 보기는 했지만, 이날은 다른 날에 비해 조금 더 과했다. 더 이상의 대화를 쓰기는 어렵지만,

듣기에 그렇게 유쾌하지는 않았다.

"내가 너무 피곤해서 앉았어. 좀 앉으면 안 되나?"
"이 자리는 임산부가 앉을 수 있도록 비워 두어야 하는 자리인 거 모르세요?"

결국 다툼의 요지는, 이 두 문장의 싸움이었는데, 이 다툼에 기름을 부은 건, '젊은 사람이 좀 서서 갈 수도 있지, 누구는 임신 안 해 봤나?'라는 말이었다. 결국 한 사람은 별것 아닌 것 가지고 유세를 떤다고 상처를 주며 공격했고, 다른 한 사람은 상처를 주면서 방어했다.

지하철에는 비워 두어야 하는 두 종류의 자리가 있다. 한 공간은 노약자 보호석이고, 다른 한 공간은 임산부 배려석이다. 지하철의 이런 자리 말고도 어느 장소에나 누군가를 배려하는 사회적 공간들이 있다. 나는 이런 공간을 지켜 주는 것이 우리가 함께 살아가려는 최소한의 노력이라고 생각한다. 누가 나에게 틀렸다고 말해 준다면, 당신 말에 반박할 생각은 없다. 하지만 지켜 주면 문제 될 것이 없는데, 지키지 않으면 꼭 문제가 되는 것들이 있다. 결국 이런 문제들은 사람 마음의 공간으로까지 이어진다.

"너무 피곤하니까 잠깐 앉았다가, 임산부가 오면 비켜 주어
야지."
"빈자리를 굳이 비워 둘 필요가 있나? 임산부가 오면 그때
양보하면 되지."
"나도 나이가 있으니 앉아도 괜찮지 않을까?"

대체로 이 말들 속에는 내가 먼저 편하고 보자는 이기적인
마음이 숨어 있다. 저마다 이유는 있겠지만, 지하철의 배려석은
웬만하면 비워 두었으면 좋겠다. 그게 사람과 사람 사이의 관
계를 더 단단하게 만드는 일이 아닐까? 이런 배려를 우리가 함
께 살기 위한 최소한의 인간적 노력이라 생각했으면 좋겠다. 현
시대를 살아가는 사람 중에 피곤하지 않은 사람이 얼마나 있을
까? 우리가 규칙을 깨는 것에 논리적인 사람이 아니라, 지키는
것에 공감하는 사람들이었으면 좋겠다. 나는 이런 사소한 배려
가 우리를 더 단단하게 이어 줄 거라 믿는다.
임산부 배려석은 말 그대로 임산부를 위해 비워 두는 자리
다. 그들에게 불필요한 부담이나 눈치를 주지 않고, 그들이 자
연스럽게 자리를 차지할 수 있게 하는 것이 우리가 할 수 있는

최소한의 배려다. 그래야 서로 다툴 일이 없고, 누구도 불편하지 않게 된다. 함께 사는 세상에서 이 정도의 배려와 규칙은 지키는 존재들이면 좋겠다.

비워 두는 자리의 의미

'비워 두다' 또는 '비워 둔다'라는 것은 단순히 자리를 비워 놓는 것 이상의 의미가 있다. 상대방의 불편함을 미리 헤아리고, 그들이 더 편안하게 느낄 수 있도록 공간과 시간을 제공하는 것이다. 심리학자 애덤 그랜트는 그의 저서 『기브 앤 테이크』에서 '진정한 기버는 자신이 먼저 나서기보다는, 상대가 스스로 자리할 수 있도록 배려한다'라고 말했다. 우리는 그들이 먼저 요구하거나 요청하지 않더라도, 그들이 필요로 하는 자리를 마련해 줄 수 있어야 한다.

배려를 어렵게 생각하지 않았으면 좋겠다. 대단한 일을 할 필요도 없고, 굳이 내가 손해를 봐 가면서 할 필요도 없다. 그저 우리가 서로 지킬 것만 지키면 된다. 대부분 일상에서 쉽게 실천할 수 있는 것들이지만, 누군가에겐 꼭 필요한 사회적 가치일 수 있다. 회사 회식 자리에서 무작정 술을 권하는 대신, 술을 마시고 싶지 않은 사람에게 물이나 주스를 권하는 것. 카페에서 혼자 시간을 보내고 싶은 사람에게 불필요한 대화를 걸지 않는 것. 친구가 힘들어할 때 조언을 하기보다는 그저 옆에 있어 주는 것. 이런 작은 배려가 우리의 관계를 더 단단하게 만든다.

작은 배려가 큰 변화를 만든다

비워 두는 것은 작은 일이 아니다. 이 행동은 누군가에게는 큰 안도감이 된다. 대개 이런 일들은 우리가 일상에서 쉽게 실천할 수 있는 것들이다. 지하철의 임산부 배려석을 비워 두는 일처럼, 우리 주변에는 비워 두어야 할 자리가 많다. 예를 들어, 가족 간의 갈등이 있을 때 서로의 의견을 내세우기보다는 잠시 시간을 주고 상대방의 생각을 들어 주는 것이다. 회사에서도 마찬가지다. 상사가 직원의 실수를 바로 지적하는 대신, 잠시 시간을 두고 상황을 정리한 후 대화를 나누는 것이 더 좋은 결과를 가져올 수 있다.

임산부석을 비워 두는 작은 행동 하나가, 어쩌면 그 임산부에게 하루를 버텨 낼 힘이 될지도 모른다. 회사에서 가정에서 우리가 누군가의 공간을 잠시 비워 두는 것이, 그 사람에게는 다시 시작할 수 있는 여유가 될 수도 있을 것이다.

비워 두는 자리는 관계를 살리는 자리다

비워 두는 자리는 공간적인 의미를 넘어선다. 마음을 비워 두는 자리, 상대방의 생각과 감정을 받아들일 수 있는 자리다. 우리는 언제나 자기 자신을 앞세우고, 내 생각과 의견이 중요하다고 느낀다. 하지만 때로는 그 공간을 비워 두는 것이 더 큰 의미를 지닌다. 상대방의 마음이 들어올 자리를 비워 두고, 그들이 그 자리에 편안히 앉을 수 있도록 배려하는 것, 그것이 진정한 관계의 기술이다.

삶에서 비워 두어야 할 자리를 한번 찾아보자. 내가 굳이 나서지 않아도 될 자리, 내 의견이 아닌 상대방의 생각이 더 필요한 자리, 내 감정보다 상대의 마음이 더 중요한 자리. 이 자리를 비워 두는 것이 서로를 존중하고 배려하는 첫걸음이 될 것이다. 이런 노력이 우리의 관계를 더 단단하게 만들어 줄 것이다.

우리가 서로의 마음에 비집고 들어가야 하는 부분보다는, 지켜 주어야 하는 공간이 더 많지 않을까. 우리가 이 공간을 너무 많이, 너무 자주 침범하는 것은 아닐까?

02

가르치지 말고
듣기

"내 말 좀 들어 줄래?"

"그래, 한번 말해 봐."

"나 요즘 너무 힘들어. 왜 힘드냐면……"

"그래, 네 말은 알겠는데, 그건 네가 잘못했네."

"아직 얘기가 안 끝났어. 좀 더 들어 봐."

"아. 그래, 더 이상 안 들어도 무슨 말인지 다 안다니까."

이 짧은 대화 속에는 우리가 무심코 지나치는 많은 의미가 숨겨져 있다. 말하는 사람은 자신이 아직 충분히 말하지 못했다고 느끼는데, 듣는 사람은 이미 다 들었고 들려줄 말까지 다 정한 상태다. 꽤 많은 사람은 화자의 말이 끝나기도 전에 자신의 의견을 내놓고 싶어 안달이 난다. 이런 작은 차이가 소통을 어렵게 만들고, 결국 오해와 갈등이 싹트는 지점이 된다. 왜 이런 일이 반복될까? 그것은 바로 말하는 사람과 듣는 사람 사이의 미묘한 거리감 때문이다. 이 거리감을 좁히는 가장 중요한 방법이 바로 '경청'이다.

경청이란 단순히 상대의 말을 듣는 행위가 아니다. 그저 가만히 듣고만 있어서는 상대의 진심을 이해할 수 없다. 경청은 상대방의 감정을 느끼고, 그들이 말하는 모든 단어 속에서 그들의 내면을 들여다보려는 적극적인 태도다. 우리는 상대의 말을 듣는 척만 하고, 사실은 자신의 할 말을 준비하고 있을 때가 많다. 상대가 말을 끝내기도 전에 끼어들어 자신의 경험을 이야기하거나, 해결책을 제시하려는 순간 경청은 이미 실패한 것이다. 경청의 시작과 끝은 상대의 말이 끝날 때까지 기다리는 것이다.

경청을 제대로 하지 못하는 가장 흔한 이유는 우리가 상대의 말을 듣기보다는 가르치고 싶어 하기 때문이다. 누군가 힘들다고 말하면 우리는 자연스레 해결책을 꺼내 놓으려 한다. '이렇게 하면 나아질 거야', '이 방법도 써 봐' 같은 말을 던지며 상대를 돕고 싶어 한다. 하지만 정작 상대가 원하는 것은 그들의 문제에 대한 해답이 아니라, 그 문제에 대한 이해와 공감인 경우가 많다. 우리가 해결책을 제시할 때, 상대방은 그 말을 더 큰 짐으로 느낄 수도 있다. 진정한 경청은 상대가 그들의 감정을 다 털어놓을 때까지 충분히 기다리는 것에서 시작된다. 적지 않은 경우, 고민이 있는 사람들은 자신의 이야기를 모두 털어놓는 것만으로도 위안을 얻는다. 그리고 자신의 고민에 대해 문제와 해답을 이미 알고 있는 경우가 많다.

우리는 얼마나 자주 상대방의 말을 중간에 끊고 자신이 하고 싶은 이야기를 하려고 서두르는가? 상대가 아직 생각을 모두 말하지 못했는데도 불구하고 우리는 성급하게 끼어들어 우리의 의견을 덧붙이려 한다. 이런 행동은 결국 상대가 더 이상 자신의 이야기를 하지 못하게 만든다. 상대는 '어차피 내 이야기는 잘려 나갈 테니 말하지 않아도 괜찮겠구나'라는 생각을 하게 되고, 대화는 단절되기 시작한다. 경청이란 그 사람이 충분히 말할 수 있도록 시간과 공간을 마련해 주는 것이다.

가족이나 친구, 직장 동료들 사이에서도 경청이 제대로 이루어지지 않으면 속마음을 나누지 못하게 된다. 말하지 못한 것들은 쌓이고 쌓여서 그것이 나중에 더 큰 갈등의 씨앗이 된다. 우리는 소통이 부족한 상황에서 점점 더 상대방과의 거리를 두게 되고, 결국 작은 오해가 키운 갈등으로 이어지게 된다. 상대방의 이야기를 끊지 않고 끝까지 들어 주는 것은 단순한 예의 이상의 의미가 있다. 그것은 상대에게 '당신의 말을 중요하게 듣고 있어'라는 신호를 주는 것이다.

경청은 단지 상대의 말을 들어 주기 위함이 아니라, 상대방이 더 많은 것을 말할 수 있도록 돕는 것이다. 입장을 바꿔 상대가 내 이야기를 잘 들어 준다면 나 역시 그 앞에서 더 자유롭게 내 생각을 펼칠 수 있다. 그러나 듣는 사람이 말을 끊거나, 자신의 생각을 먼저 말하려 한다면 그 대화는 이미 실패한 것이다. 소통의 핵심은 듣기에서 시작되며, 듣기 능력은 관계를 건강하게 유지하는 가장 중요한 요소다. 경청은 상대의 말이 다 끝날 때까지 참을성을 가지고 기다리는 것에서 시작된다.

'말을 꼭 해야 아나?'라는 말을 자주 하는 사람들이 있다. 부모와 자식 사이에서, 부부 사이에서, 상사와 직원 사이에서도 이런 말은 늘 오간다. 그러나 상대는 내 마음을 읽을 수 없다. 내가 아무리 그 사람과 오랜 시간을 함께했다고 해도, 말하지 않으면 내 감정을 알 수 없다. 그래서 우리는 서로에게 말을 해야 한다. 내 마음을 정확하게 전달하고, 상대의 말을 끝까지 듣는 것만이 오해를 줄이는 방법이다. 이때 중요한 것은 경청이다. 듣지 않으면 우리는 상대의 진심을 절대 알 수 없다.

듣기를 방해하는 또 다른 요인은 불편함을 회피하려는 태도다. 불편한 상황에서 우리는 그 자리를 피하려 하거나 상대의 말을 흘려듣는 경우가 많다. 그러나 불편함을 마주하고 끝까지 듣는 것이 진정한 소통의 시작이다. 심리학자 존 카트맨은 '갈등을 피하는 사람은 결국 같은 문제를 반복하게 된다'라고 했다. 갈등이 싫다고 피하기보다는 그 순간을 받아들이고, 상대방의 이야기를 온전히 들어 주는 것이 중요하다.

경청은 우리의 삶을 단단하게 만들어 줄 가장 강력한 기술이다. 잘 듣기 위해서는 그 속에 담긴 감정과 생각을 함께 이해하려는 노력이 필요하다. 제대로 된 경청은 상대방이 말하지 않는 것까지 들으려는 의도적인 노력이다. 상대가 말하는 표면적 내용뿐만 아니라, 그 말 뒤에 숨겨진 감정과 진심까지도 들어야 한다는 의미다.

결국, 경청은 복잡한 기술이 아니다. 가르치려 들지 않고, 조언을 앞세우지 않고, 그저 끝까지 들어 주는 것만으로도 우리는 상대와 깊이 연결될 수 있다. 경청을 통해 우리는 상대의 마음을 얻고, 관계는 더 단단해진다. 경청은 소통의 시작이자, 관계를 이어주는 가장 중요한 기술이다. 듣는 것이야말로 소통의 첫 걸음이며, 그것이야말로 우리가 더 깊은 관계를 맺고 살아가는 길이다.

경청은 사람과 사람 사이를 더 단단하게 연결해 준다.

03

구체적으로
말하기

결혼 초반, 아내는 가끔 내가 알 수 없는 신호를 보냈다. 화가 난 것 같았지만, 왜 화가 났는지는 도무지 알 수 없었다. 설거지를 할 때는 그릇을 씻는 소리에 감정이 실려 있었고, 빨래를 개킬 때는 수건 한 장에도 묘한 기운이 느껴졌다. 아내의 발걸음은 몸무게에 비해 묵직한 소리를 냈고, 바람 한 점 없는 집 안에 쌩한 바람이 불고 있는 듯했다. 내가 화가 났냐고 물으면 언제나 돌아오는 대답은 '아니!'라는 말이었다. 이 말은 '그걸 꼭 말해야 알아?'라는 뜻이다. 나는 이런 신호를 해석하는 것이 불편했다.

그럴 때마다 나는 속으로 생각했다. '말로 하면 될 텐데, 왜 굳이 저렇게 화를 내는 걸까?' 지금에야 그때의 설거지 소리가

'내가 말하기 전에 설거지를 해 줘'라는 뜻임을, 빨래를 개킬 때 느껴지는 묘한 기운이 '내가 말하기 전에 빨래를 개켜 줘'라는 말임을 알지만, 당시에는 참 어려웠다. 어느 정도 아내의 신호를 알게 되었음에도 여전히 아내의 '나, 뭐 달라진 것 없어?'라는 질문은 두렵다. 솔직히 수능 시험을 치르는 기분이다. 요즘은 딸들도 엄마를 따라 이 질문을 한다. '아빠, 나 뭐 달라진 거 없어?', 남자에게 여자는 참으로 어려운 존재다. 여자에게 남자는 이해가 가지 않는 존재인 것처럼. 여자는 남자보다 훨씬 고차원적인 존재인 것 같다.

아내와 대화를 많이 하면서 결혼 초반의 문제들은 거의 다 해결되었다. 대화가 많아지다 보면 자연스럽게 사소한 것들까지 이야기를 나누게 되고, 서로의 요구도 구체적으로 전달하게 된다. 나 역시 가끔 급발진하며 화를 낸 적이 있는데, 이건 아내와 다른 내 방식으로 '이걸 꼭 말해야 알아?'라는 표현이었다. 이는 대화를 회피하는 또 다른 방법이기도 했다. 하지만 구체적으로 대화하기 시작하면서 이런 현상이 많이 사라졌다. 대화가 많아질수록 구체적 대화가 가능해지고, 구체적으로 대화하면 신경전도 사라진다. 이건 정말 새로운 세상을 여는 일이다.

이런 변화는 집안 전체에 영향을 미친다. 아이들도 부모의 분위기를 그대로 흡수한다는 말이 있다. 부모가 다투면 아이들도 내면의 갈등을 시작하고, 부모가 욕을 하면 아이들도 배운다. 부모가 다투는 일이 많아질수록 아이들은 불안감을 느낀다. 혹시 부모가 이혼하지 않을까, 나를 버리지 않을까, 우리 집에 무슨 문제가 생기지 않을까. 하지만 가족 간에 대화가 많아지면 이런 불안감도 사라지고, 아이들의 반응을 더 잘 이해할 수 있게 된다. 구체적인 대화가 얼마나 중요한가를 깨닫게 되는 시간이다.

아이들과 시간을 보내다 보면 사소한 일에도 쉽게 화가 날 때가 있다. 아이가 물건을 제자리에 두지 않거나 갑자기 울음을 터뜨릴 때, 부모는 본능적으로 짜증을 내기 쉽다. 반대로 아이들도 어른에게 화를 낼 때가 있다. '왜 엄마는 내 마음을 몰라줘?'라며 속상해하고, '왜 나만 혼나야 해?'라고 불평한다. 이런 상황에서 내가 깨달은 것은 바로 '구체적으로 말하기'다. 구체적으로 말하면 화낼 일이 줄어든다. 이는 아이들과의 경험에서 얻은 교훈이지만, 어른들의 세계, 특히 직장에서도 마찬가지로 적용이 된다.

아이에게 '왜 그랬어?'라고 화내는 대신, '왜 바닥에 물건을 던졌어?'라고 구체적으로 물어보면 상황을 바꿀 수 있다. 아이는 자신의 행동을 돌아보고, 이유를 설명한다. 이어서 '다음에는 바닥에 던지지 말고, 책상 위에 올려놓자'라고 구체적으로 말해 주면, 아이도 이를 이해하고 고치려 한다. 구체적으로 말하는 것은 서로의 오해를 줄이고, 문제의 본질을 더 명확히 바라보게 해 준다.

심리학에서는 이를 '명확한 의사소통Explicit Communication'이라고 한다. 추상적인 메시지 대신 구체적인 정보와 의도를 전달하는 것이다. 이는 인간관계에서 갈등을 줄이는 중요한 요소다. 심리학자 칼 로저스는 비폭력 대화NVC의 중요성을 강조하며, 구체적이고 명확한 표현이 신뢰를 쌓고 갈등을 줄이는 핵심이라고 말한다. 이는 우리가 아이들과의 대화뿐만 아니라 모든 관계에서 배워야 할 중요한 교훈이다.

구체적으로 말하는 것은 회사에서도 필수적이다. 아직도 '척하면 척'이라는 방식으로 소통하려는 사람들이 있는데, 이런 방식은 오해를 일으키기 쉽다. 회사라는 공간은 육하원칙누가, 언제, 어디서, 무엇을, 어떻게, 왜을 통해 대화를 해도 오해가 생기는 공간이다. 구체적으로 말하기보다 좋은 방법은 없다. 예를 들어, 상사가 '이거 빨리 처리해'라고 말하면 직원은 무엇을 얼마나 빨리 처리해야 하는지 알지 못한다. 반대로 '내일까지 판매 전략 보고서를 작성해. 다음 회의에 쓸 거야'라고 명확하게 지시하면 직원은 그 요구를 정확히 이해하고 처리할 수 있다. 마찬가지로, 직원이 상사에게 '일이 힘들어요'라고 막연하게 말하는 대신, 'A사와 소통이 잘 안돼서 일정이 지연되고 있습니다'라고 구체적으로 보고하면 상사도 문제를 더 잘 파악하고 해결책을 찾을 수 있다.

구체적으로 말하지 않으면 오해가 쉽게 생긴다. '저 상사는 왜 저렇게 애매하게 말하지?'라는 불만과 '요즘 직원들은 왜 스스로 일을 알아서 하지 못할까?'라는 생각이 충돌하게 된다. 이런 오해는 결국 서로에 대한 신뢰를 떨어뜨리고, 관계를 악화시킨다. 상사가 직원과 소통할 때는 네 가지를 명확히 해야 한다. 첫째, 일의 배경을 설명해야 하고, 둘째, 이 일이 향하는 목적지를 분명히 알려야 하며, 셋째, 원하는 결과물이 있다면 그 기준을 전달해야 한다. 넷째, 기한을 명확히 정해야 한다. 이 네 가지만 지키면 많은 갈등이 사라진다. 세상에 당연한 것은 없다. '말하지 않아도 알아야 한다'라는 기대는 가장 가깝다는 부부 관계에서도 성립하지 않는데, 회사에서야 더 말할 것도 없다.

구체적으로 말하기 위해서는 대화의 총량이 늘어나야 한다.

그리고 그 대화는 상호 신뢰를 바탕으로 해야 한다. 구체적으로 말하는 것이 상대를 괴롭히기 위한 것이 아니라, 진정한 소통을 위한 것임을 서로 인식해야 한다. 이는 가정에서도, 직장에서도 마찬가지다. '왜 이렇게 말해야 해?'라는 불만보다는 '더 나은 소통을 위해 이렇게 해 보자'라는 신뢰와 협력의 태도가 필요하다. 대화가 줄어드는 이유는 상대방에 대한 신뢰가 없기 때문이다. 그래서 소통이 점점 더 어려워진다. 직장에서 꼭 필요한 대화만 하겠다고 생각하는 사람들이 많아지는 것은 문제다. 대화의 총량을 늘리지 않고 필요한 이야기만 하겠다는 것은 불가능하다. 그래서 리더는 직원들에게 신뢰와 공정을 보장해야 하고, 직원들도 그에 맞춰 노력해야 한다. 이 노력이 맞물리면 대화가 가능해지고, 그렇지 않으면 소통은 점점 어려워진다.

구체적으로 말하는 것은 갈등 상황을 실질적으로 줄여 준다. '언제까지 끝내야 하죠?'라는 질문에 '빨리 해 빨리'라고 답하는 대신, '다음 주 금요일 오후 3시까지'라고 구체적으로 말하면 서로의 기대가 일치하고, 불필요한 갈등이 사라진다. 가정에서도 마찬가지다. 아이가 '엄마, 나 이거 사 줘'라고 말했을 때 '왜 필요한지 말해 볼래?'라고 구체적으로 묻는 순간, 아이는 자신의 요구를 더 명확히 설명하게 되고, 부모도 그 필요성을 이해하게 된다.

　결국, 구체적으로 말하기는 혼자 소설 쓰는 것을 줄이고, 진짜 대화를 나누게 만든다.

04

나는 당신의 부탁이 불편합니다

"괜찮으시면 다음 주에 같이 식사하실래요?"
"친구야, 오늘이 마감이라 그런데, 보험 하나 들어 줄래?"
"야, 다음 주에 갚을 테니까 돈 좀 빌려줄래?"

소개팅 후 애프터 신청, 친구의 보험 가입 부탁, 돈을 빌려달라는 친한 친구의 요청은 누구나 거절하기 어렵다. 사람들이 거절을 잘 못하는 이유는 다양한 심리적 요인에서 비롯된다. 우선 인간은 사회적 동물이기 때문에 타인에게 인정받고 싶어 한다. 거절은 상대방에게 불쾌감을 줄 수 있고, 이는 사회적 관계에 부정적인 영향을 미칠까를 두려워하는 마음을 유발한다. 특히, 소속감과 유대감을 중시하는 사람일수록 거절이 더 어렵다.

심리학에서는 이를 '타인의 평가에 대한 두려움fear of negative evaluation'이라 설명한다. 사람들은 거절했을 때 상대가 자신을 비난하거나 실망할까 두려워한다. 이러한 두려움이 거절을 힘들게 만드는 주요 원인이다.

또한, '착한 사람 콤플렉스'라는 심리적 메커니즘도 거절을 어렵게 만든다. 평소에 타인에게 친절하게 대해야 한다는 강한 신념을 가진 사람들은 남에게 좋은 인상을 남기고자 하며, 그로 인해 거절이 힘들어진다. '착한 사람으로 보이고 싶다'라는 무의식적인 압박을 느끼며, 타인의 부탁을 들어주는 것이 그들에게 좋은 사람으로 인식시키는 방법이라고 생각하기 때문이다. 그러나 이러한 태도는 결국 자신의 욕구나 감정을 희생하게 만든다.

카를 융은 이를 '페르소나'라는 개념으로 설명했다. 페르소나는 사회적 기대에 따라 형성된 가면과 같은 역할을 한다. 우리는 상황에 따라 여러 페르소나를 사용하며 살아가는데, 타인의 부탁을 거절하지 못하는 것도 그중 하나다. 이 페르소나는 타인이 자신을 어떻게 생각할지에 대한 강박에서 비롯되며, 결국 우리는 진짜 모습보다는 타인의 기대에 부응하려는 모습을 우선시하게 된다.

거절을 잘 못하는 사람들은 '관계를 유지하기 위한 희생'과 '거절로 인한 갈등'을 과대평가하는 경향이 있다. 하지만 거절은 관계를 파괴하는 행위가 아니다. 만약 당신이 누군가에게 부탁을 했다고 가정해 보자. 그럼 두 가지 질문을 스스로에게 던져야 한다. 첫째, 상대가 그 부탁을 들어줄 의무가 있는가? 둘째, 만약 상대가 거절한다면 그 관계가 끊어질 것인가? 오히려 건강한 관계는 명확한 경계 설정과 정중한 거절로 더욱 견고해질 수 있다. 작가 브레네 브라운은 '경계는 자아를 보호하는 최고의 방법'이라고 말하며, '아니오'라는 말은 자신을 존중하고 타인과의 관계를 더 진실하게 만드는 방법이라고 강조했다.

따라서, 거절을 잘 못하는 사람들은 거절이 '나쁜 사람으로 보이는 행동'이라는 생각을 버려야 한다. 거절은 나와 상대방 사이에 건강한 경계를 설정하고, 나를 보호하는 중요한 도구다. 거절은 관계를 파괴하는 것이 아니라, 나를 지키고 성숙한 관계로 나아가기 위한 필수적인 과정임을 깨달아야 한다. 명확한 거절은 오히려 상대방을 배려하는 방식이다. 우물쭈물하는 거절이 도리어 상대에게 희망을 주고, 희망을 키워 관계를 더욱 악화시킬 수 있다.

2018년, 워런 버핏과의 점심 식사가 7억 원에 낙찰된 적이 있다. 많은 사람이 그 값비싼 점심에서 어떤 교훈을 얻을 수 있을지 궁금해했다. 답은 의외로 '거절하는 법을 배워라'라는 말이었다. 이 짧은 말속에는 깊은 삶의 지혜가 담겨 있다. 버핏은 성공의 비결로 거절의 중요성을 꼽는다. 그는 불필요한 것에 '아니오'라고 말할 수 있었기 때문에, 진정으로 중요한 것에 '예'라고 말할 수 있었다고 한다. 즉, 거절하는 능력은 '7억 원의 가치'가 있는 셈이다.

모든 부탁에 '예'라고 답하면 상대는 언제든 나에게 의지할 수 있다고 생각하게 된다. 하지만 나는 점점 지치고, 중요한 일에 쏟을 에너지가 줄어들게 된다. 심리학자 헤리엇 B. 브레이커는 그의 저서 『거절의 힘The Disease to Please』에서 '거절을 잘하지 못하는 사람은 결국 상대의 기대를 충족시키지 못해 더 큰 죄책감에 시달리게 된다'라고 말했다. 이는 자신에게도, 상대방에게도 결코 긍정적인 결과를 가져오지 않는다.

"나는 거절을 잘 못해서, 거절해야 하는 사람과 연애를 한 적도 있어요."

한 연애 프로그램에서 여성 출연자가 한 말이다. 주관적이지만, 나는 그 프로그램에서 그녀의 모습을 보고 불편함을 느꼈다. 그 여성은 외모 덕에 남자들의 관심을 많이 받았고, 한 남자 출연자가 첫날부터 적극적으로 마음을 표현했다. 그녀는 그 남자가 마음에 들지 않았지만, 마지막 날까지도 거절의 의사를 명확하게 밝히지 않았다. 결과적으로 남자는 다른 사람을 통해서 '그녀가 널 확실하게 정리했대'라는 말을 듣고 말았다. 거절하지 못한 것이 상대에게 상처를 준 것이다. '나는 거절을 잘하지 못합니다'라는 말은 모든 상황에서 방패가 될 수 없다.

거절했다고 해서 약해지거나 끊어질 관계라면, 그 관계는 애초에 건강하지 않았을 가능성이 크다. 그런 관계는 굳이 유지할 필요가 없다. 친구가 돈을 빌려달라고 했을 때, 내가 감당할수 없거나 그럴 생각이 없다면 명확하게 거절해야 한다. '미안해, 지금 여유가 없어서 도와줄 수 없어'라고 말하는 것이 정중하다. '상황이 될 때 다시 말해 줄게' 같은 애매한 말보다는 '도와줄 수 없어'라고 말하는 편이 낫다.

"그걸 누가 몰라요? 거절이 필요한 걸 모르는 게 아니라, 거절을 잘 못한다니까요."

여기서 필요한 건 자신의 노력이다. 누구도 노력을 대신해 줄 수는 없다. 단언컨대 거절하는 것이 불편하지 않은 사람은 아무도 없다. 그러니 조금 더 성숙한 생각이 필요하다. 불편하지만 자신을 위해, 그리고 불필요한 기대를 할 상대를 위해, 필요할 때는 분명하게 거절을 표현해야 한다. 거절은 어느 정도의 용기와 연습이 필요한 기술이다. 처음에는 어렵고 미안한 마음이 들 수 있지만, 두 번, 세 번 하다 보면 거절도 더 쉬워진다. 그리고 거절해야 할 때 분명하게 거절을 하면 사람들의 부탁도 점차 사라진다. 우선 거절을 명확하게 하면 불필요한 부탁에 에너지를 낭비하지 않아도 된다. 아서 슐레진저는 '거절은 가르치기 어렵고 배우기엔 더 어려운 예술'이라고 했다. 우리는 이 예술을 연습해야 한다. 원치 않는 약속이나 떠맡은 일에 대해 정중하게 거절하는 연습을 하자. 그렇게 하면 나 자신을 더 잘 이해하고, 나의 한계를 존중할 수 있다.

거절이 주는 큰 유익은 나 자신에게 더 솔직해지고, 더 행복해진다는 점이다. 억지로 원치 않는 일을 하며 자신을 희생하기보다는, 진정으로 하고 싶은 일에 '예'라고 말하는 것이 중요하다. 그것이 나를 위한 선택이자, 상대방을 위한 배려임을 잊지 말자.

나는 원래 식물에 큰 관심이 없었지만, 어느 날 올리브 나무에 푹 빠져 버린 적이 있다. 선물로 받은 올리브 나무는 지중해의 감성이 물씬 느껴질 만큼 아름다웠고, 나는 그 나무를 애지중지 키우기 시작했다. 매일 물을 주고, 베란다 창문을 열어 환기를 시켜 주며 더 잘 자라길 바라는 마음으로 영양제도 챙겨 줬다. 하지만 생각과는 달리 올리브 나무의 잎은 점점 마르기 시작했다. 나는 이때부터 물을 더 자주 주었고, 환기도 더 잘 시켰고, 영양제도 더 자주 사용했다. 하지만 결과는 나의 기대와 정반대였다. 결국 올리브 나무는 죽고 말았다.

올리브 나무가 죽은 이유를 찾기 위해 여러 농장을 돌아다니며 새로운 화분을 구입해 다시 길러 보았지만, 역시 똑같은 일이 반복되었다. 그러다 일이 바빠 며칠 동안 돌보지 못했던 한두 개의 화분이 오히려 더 건강하게 자라 있는 걸 보고 그제야 깨달았다. 나무가 죽은 건 물이 부족해서가 아니라, 오히려 물을 너무 많이 준 탓에 과습으로 인해 뿌리가 썩어 버렸기 때문이었다. 사실 올리브 나무는 키우기 쉬운 식물인데, 애정과 간섭이 오히려 나무를 죽인 것이다.

나는 인간관계도 식물을 키우는 것과 비슷하다고 생각한다. 사람도 올리브 나무처럼, 과도한 애정과 관심이 오히려 관계에 해가 될 수 있다. 올리브 나무가 물을 적당히 받아야 건강하게 자라듯이, 사람 간의 관계도 적절한 거리와 공간이 필요하다. 너무 가까워지면 서로의 숨통을 조일 수 있고, 너무 멀어지면 관계가 소원해지게 된다.

관계도 마찬가지로 적절한 균형을 찾지 못하면 문제가 발생한다. 우리는 종종 지나치게 상대에게 몰입하거나, 반대로 관계를 방치하는 양극단을 오간다. 작은 식물조차 과도한 애정 때문에 죽어 갈 수 있는데, 사람은 더 예민할 수밖에 없다. 인간관계는 마치 내가 돌보는 텃밭과 같다고 생각한다. 텃밭을 가꾸려면 적절한 애정과 관심을 쏟아야 하고, 이 텃밭들이 모여 우리가 살아가는 사회를 이루는 것이다. 그렇기에 인간관계라는 텃밭을 건강하게 유지하기 위해서는 적절한 거리 유지가 필수다.

텃밭을 가꾸는 일은 그저 물만 주는 것으로 끝나지 않는다. 비가 많이 오면 물이 고이지 않도록 고랑을 만들어 줘야 하고, 잡초가 자라면 그 잡초를 뽑아 줘야 한다. 그래야만 텃밭에 꽃이 피고 열매를 맺을 수 있다. 인간관계도 마찬가지다. 적절한 관심과 거리가 균형을 이뤄야 관계를 건강하게 유지할 수 있다.

'우리 사이에 이 정도도 못 해?', '우리 사이에 이 정도 부탁은 들어줘야 하는 거 아니야?', '우리 사이에 이 정도 장난도 못 쳐?' 이런 말들은 종종 상대방의 경계를 무시하고 자신의 요구를 강요할 때 등장한다. 가까운 관계라는 이유로 상대의 감정을 침범하는 순간, 문제가 발생하기 시작한다. 거리를 두는 것이 더 중요한지, 밀착하는 것이 더 중요한지에 대한 고민이 생길 수 있지만, 가까운 관계일수록 적절한 거리 두기가 더욱 중요하다. 가족이나 친구 사이에서도 너무 가깝게 밀어붙이면 오히려 상대를 불편하게 만들 수 있다. '가족끼리 이 정도도 못 해?', 이런 말이 등장했다는 건, 이미 관계에서 균열이 생기고 있다는 신호다.

관계를 유지하는 데 필요한 것은 상대에게 내 감정을 밀어붙이는 것이 아니라, 상대를 존중하고 배려하는 태도에서 나온다. '가족이니까 이해할게', '친구니까 조심할게', '공과 사는 구분할게'라는 말 속에 담긴 타인 존중이 관계를 더 끈끈하게 만들어 준다. 중요한 것은 무엇을 주느냐가 아니라, 상대가 어떻게 받아들이느냐이다.

심리학자 에리히 프롬은 그의 저서 『사랑의 기술』에서 '진정한 사랑은 상대를 있는 그대로 받아들이고 그들에게 자유를 주는 것'이라고 말했다. 가까운 관계일수록 상대방이 나와 다르다는 점을 인정하고 존중하는 태도가 필요하다. 사랑에 빠졌을 때 처음에는 모든 것이 좋게 보이지만, 시간이 지남에 따라 상대의 단점이 더 두드러지기 마련이다. 우리가 한때 사랑했던 그 점이 결국 실망으로 변하는 것은, 관계에서 적절한 거리 두기를 하지 않기 때문이다.

적절한 거리를 유지한다면, 처음에 매력적이었던 그 지점은 시간이 지나도 여전히 좋은 지점으로 남을 수 있다. 거리 두기는 상대방에게 자유를 주는 것 이상의 의미가 있다. 그것은 서로의 차이를 존중하고, 관계를 오랫동안 건강하게 유지할 수 있는 중요한 요소다.

적절한 거리 두기는 연인뿐만 아니라, 모든 인간관계에 적용된다. 친구, 동료, 선후배, 부모와 자식 간에도 마찬가지다. 지나친 간섭이나 과도한 친밀감은 갈등을 유발할 수 있고, 서로의 개인적인 시간을 존중하는 것이 관계를 건강하게 유지하는 핵심이다.

직장에서도 거리 두기는 중요하다. 업무적인 관계와 개인적인 관계를 명확히 구분할 줄 알아야 하고, 동료와의 지나친 친밀감은 오해와 갈등을 불러일으킬 수 있다. 적절한 거리를 유지하지 않으면 상대방이 부담을 느끼고, 반대로 거리가 너무 멀어지면 소통이 단절될 수 있다. 인간관계에서 거리를 유지하는 것은 관계의 균형을 잡는 가장 중요한 요소다.

우리는 언제든 실수할 수 있다. 상대가 나의 행동에 불편함을 느낀다면 이를 인식하고 사과해야 한다. 마찬가지로 상대방이 나에게 불편함을 준다면 정확한 신호를 보내야 한다. 그렇지 않으면 상대는 내가 불편해하고 있다는 사실을 모를 수도 있다. 이런 일이 반복되면 관계는 더욱 복잡해지고, 그로 인해 더 큰 문제가 발생하게 된다.

상대방의 거리를 지켜 주는 것이 타인에 대한 존중이라면, 나를 위한 거리를 지키는 것은 자신에 대한 존중이다. 내 생각이 건강하고 내 행동이 올바르다고 해도 모든 사람이 나와 똑같이 행동하거나 생각하지 않는다. 결국 자기 자신을 지키는 일은 나 자신만이 할 수 있다. 상대방이 나에게 선을 넘는다면 언제든지 '멈춰 주세요'라고 말해야 한다. 그래도 멈추지 않는다면 그 사람과는 과감하게 멀어지는 것이 좋다. 사람은 누구나 실수를 할 수 있고, 나의 경계를 모를 수 있다. 내가 내 감정을 명확하게 표현하기 전까지는 상대가 내 마음을 알 방법이 없다.

결국, 거리 두기는 단순히 나만을 위한 것이 아니라, 서로의 경계를 존중하고 건강한 관계를 유지하기 위한 기본적인 원칙이다. 이 경계가 잘 지켜질 때 우리는 더 깊고 성숙한 관계를 만들어갈 수 있다. 이를 통해 나 자신과 상대방 모두를 존중할 수 있으며, 그 관계는 더욱 단단해질 것이다.

06

역지사지의
쓸모

"요즘 학생들 너무 개념이 없어요."

이 말을 참 자주 듣는다. 그러나 그들 중에도 괜찮은 학생이 많지 않은가? 사실 대부분의 청소년들은 '괜찮은 사람들'이다. 학생들을 향한 이 말은 교권 침해나 학부모의 갑질과도 연결되며, 매우 오래된 사회적 현상이다. 특정 사건 한두 가지로 너무 쉽게 일반화시키기는 어렵지 않을까?

중학교 1학년 때의 일이다. 한 친구가 체육 시간에 늦었다는 이유로 교사에게 무려 1시간 동안 몽둥이로 맞았다. 체벌이라는 표현 대신 '맞았다'라고 쓴 것은 그때 교사의 행동이 폭력에 가까웠기 때문이다. 운동장 한가운데서 한 시간 동안 벌어진 이 일을 아무도 말리지 않았고, 아무도 문제 삼지 않았다. 사실을 알게 된 부모는 문제를 제기했지만, 당시에는 '그저 잘못된 학생에 대한 당연한 체벌'로 처리됐다. 며칠 후 그 친구는 결국 자퇴했다. 이 학생과 그 부모의 관점에서 본다면, 당시 교사들은 '개념 없는 선생들'이었다고 생각할 만하다. 하지만 이 상황을 본인이 겪지 않은 누군가는 그저 '그 시절엔 다들 그렇게 살았어'라고 말할지도 모른다. 경험을 통해 느낀 사람과 그렇지 않은 사람의 생각이 같을 수는 없다. 이런 경험을 한 사람은 그 뒤로 어떤 마음을 품고, 어떤 방식으로 삶을 살아가게 될까? 이 사건은 불과 20~30년 전의 일이다. 그때 이상한 선생님들이 있었고, 이상한 학생들도 있었다. 지금도 마찬가지다. 이상한 학생이 유독 많은 시대가 아니라, 그때나 지금이나 비슷하다는 말이다. 그때와 다른 것은 시간과 사회적 환경, 그리고 그들이 경험한 것들이다.

학생들의 문해력이 떨어진다는 비판 역시, 그들이 자란 시대적 환경을 고려하지 않고는 설명할 수 없다. 스티브 잡스를 비롯한 혁신적인 사람들이 만들어 낸 디지털 플랫폼의 환경 속에서 성장한 세대는, 예전과는 다른 방식으로 정보를 습득하고,

그에 따라 변화한 인지적 특성을 가지고 있다. 예전에는 책 외에 선택지가 많지 않았지만, 지금의 학생들은 유튜브를 비롯한 다양한 영상 매체에 노출되어 있다. 각 세대마다 경험하고 학습한 환경이 다른데, 이를 무시한 채 이들을 이해하면, 이들과 교감할 수 없게 된다.

역지사지는 그런 점에서 단순한 이해를 넘어선 깊은 공감을 요구한다. 하지만 많은 사람들이 역지사지를 언급하면서도 실제로는 상대방의 입장에 진정으로 공감하지 않는다. '네 입장은 이해하지만'이라는 말만 던지고, '자신의 생각'으로 상황을 마무리하는 경우가 많다. 하지만 진정한 역지사지는 상대의 감정과 배경을 충분히 고려하고, 그들의 상황에 대해 깊이 생각해보는 과정이다. 우리가 역지사지를 제대로 적용하지 않는다면, 결국 피상적인 공감에 그치고 만다.

한 기업의 사장이 직원들에게 이렇게 말했다. '나는 하루에 12시간씩 일하고 주말에도 출근하는데, 당신들은 그 정도도 못하나?', 겉으로 보기에는 그가 스스로 모범을 보이며 직원들에게 더 열심히 일하라고 독려하는 것처럼 보인다. 하지만 사실 이 말은 자신이 일하는 방식을 직원들에게 강요하는 '억지사지'에 불과할 뿐이다. 진정한 역지사지는 상대의 처지에서 그들이 어떤 어려움을 겪고 있는지, 내가 그들의 입장이라면 어떤 감정을 느낄지를 고민하는 것이다. 반대로 직원들도 사장의 입장에서 그의 부담감이나 책임감을 이해하려는 노력이 필요하다. 그때 비로소 진정한 역지사지가 이루어진다.

부부 관계도 역지사지는 필수적이다. 아내가 남편에게 '당신은 왜 집안일을 돕지 않느냐'고 불만을 표할 수 있고, 남편은 '나는 매일 회사에서 지쳐 돌아오는데, 당신은 왜 내 피로를 이해하지 않느냐'고 반박할 수 있다. 각자의 입장만 고수하면 갈등만 깊어질 뿐, 결코 해소되지 않는다. 이때 필요한 것은 서로를 이해하고 공감하려는 노력이다. 이를 통해서만 서로의 감정이 만나고 관계가 더 단단해질 수 있다.

첫째 아이가 세 살일 때 쌍둥이가 태어났다. 아내는 아이들과 종일 씨름하며 내가 퇴근하기만을 기다렸고, 나는 직장에서 지친 채로 집에 돌아왔다. 당시 나는 아내를 당연히 도와야 한다고 생각했고, 아내는 남편이 쉴 시간을 배려해야 한다고 생각했다. 하지만 현실은 이상과 달랐다. 나는 '쌍둥이가 태어나 아내를 도와야 할 것 같다'라고 상사에게 양해를 구했지만, 상사는 '애는 네가 키우냐?'라는 말로 면박을 주고, 퇴근 시간을 늦추려는 농담과 불필요한 회의를 이어 갔다. 집에 돌아와 아내의 짜증을 마주하면, 그때마다 갈등이 깊어졌다. 결국 회사에서 벌어지는 내 이야기도 깊이 나누지 못했고, 아내에게 벌어지는 것에 대해서도 깊이 나누지 못했다. 당시에는 나도 아내도 서툴렀지만, 만약 그때 조금 더 깊게 이야기를 나누었다면 어땠을까? 조금만 더 서로의 입장을 이해하려고 노력했다면, 우리는 더 나은 '역지사지'를 할 수 있었을 것이다.

역지사지는 단순히 '상대방의 입장에서 생각하라'라는 의미를 넘어, 그들의 처지와 감정을 진심으로 헤아리는 것이다. 우리는 때때로 '내가 너라면 이렇게 했을 거야'라는 말로 상대방의 행동을 비난하거나 자신의 시각을 강요하기도 한다. 하지만 이것은 진정한 역지사지가 아니다. 진정한 역지사지는 상대방의 관점과 그들이 처한 상황을 충분히 이해하고 존중하는 데서 시작된다. 그들의 감정을 추측하는 것이 아니라, 그들이 왜 그런 감정을 느끼는지, 어떤 배경에서 그런 생각을 하게 되었는지를 헤아려야 한다.

이러한 노력이 쌓일 때, 우리는 서로를 더욱 깊이 이해하고, 관계는 더 단단해진다.

07

플라스틱 용기에는
뜨거운 물을 담지 마라

　무심코 플라스틱 용기에 끓는 물을 부은 적이 있다. 자주 쓰던 용기라 괜찮을 것이라고 생각했지만, 끓는 물이 닿자마자 용기는 변형되기 시작했다. 아무리 견고해 보이는 플라스틱이라도 한계 온도를 넘으면 더 이상 버틸 수 없다. 결국 우그러진 용기는 사용할 수 없게 되었고, 그제야 내가 실수했다는 것을 깨달았다.

　사람도 플라스틱 용기와 같지 않을까? 문득 이런 생각이 들었다. 겉으로는 단단해 보이지만, 감정적으로나 신체적으로 감당할 수 있는 한계가 있다. 그리고 사람마다 마음의 재질도 달라서 그 한계가 제각각이다. 그 한계를 넘기면 결국 상처받고 무너질 수밖에 없다. 사람은 모두 각자의 한계를 가지고 있다는 점에서, 관계에서도 상대의 감정적 한계와 상황을 신중히 고려해야 한다.

사람마다 감정적 내구력이 다르다

플라스틱 용기가 특정 온도 이상의 물을 견디지 못하는 것처럼, 사람도 각자 감당할 수 있는 스트레스의 한계가 있다. 어떤 사람은 어려운 상황에서도 묵묵히 견디지만, 누군가는 작은 갈등에도 쉽게 흔들린다. 사람마다 내면의 감정적 내구력이 다르기 때문이다. 겉으로는 강해 보일지라도, 내면에서 치러야 하는 싸움은 저마다 다르다.

책임감도 강하고 일을 잘하는 직원이 있었다. 이 사람은 팀장이 어떤 일을 시켜도 모두 소화했고, 불만을 보이지 않았다. 일에 말을 보태기보다는 묵묵히 일을 했다. 그동안 성실하고 철저하게 일을 처리해 왔기에 팀장은 그에게 더 많은 업무를 할당했다. 일을 잘 못하는 직원의 업무 중 일부를, 시키면 말이 많은 직원의 일 중 일부를 더 부담시켰다. 처음엔 아무 문제가 없었지만, 직원은 시간이 갈수록 감당할 수 없는 업무량에 짓눌리기 시작했다. 하지만 팀장은 그가 소화할 수 있다고 믿었기에 계속해서 과도한 주문을 했다. 그에 대한 대가로 빨리 승진을 시키겠다는 생각을 가진 채였다.

결국 그 팀원은 한계를 넘어서며 몸과 마음이 지쳐갔고, 번아웃에 이르러 사직서를 제출했다. 업무가 많아서 더 이상 견딜 수 없다는 이유였다. 팀장은 팀원을 설득했지만, 직원은 퇴사를 선택했다. 결과적으로 팀장은 그 팀원의 한계를 미리 인식하지 못해 큰 실수를 범한 셈이다. 상대의 한계를 무시하고 임계점을 넘으면, 사람의 마음은 플라스틱 용기처럼 우그러져 버린다.

말과 행동은 상대의 온도에 맞춰야 한다

사람과의 관계에서 가장 중요한 것은 상대방의 감정 상태와 내구력을 고려한 말과 행동이다. 겉으로는 아무렇지 않은 것처럼 보여도, 그 내면은 이미 한계에 다다른 경우가 있다. 말할 때나 행동할 때, 우리가 던진 말이 상대방에게 어떤 영향을 미칠지 생각하지 않으면 안 된다.

부부 사이에서 이런 상황은 흔하다. 배우자가 아무 생각 없이 던진 한마디가 상대방을 화나게 하고 상처를 줄 수도 있다. '이건 당신이 해야지', '그걸 왜 나한테 말하는 거야', '그건 당신 집안일이잖아', 가까운 사이일수록 말은 신중해야 한다. 가장 가까운 관계이기 때문에 생각 없이 말을 던지기 쉬운데, 부부간에 다툼은 대부분 말이 화근이다. 자신에게는 아무것도 아닌 말이었을지 모르지만, 상대에게는 차갑고 날카롭게 느껴질 수 있다. 끓는 물이 플라스틱 용기를 녹이듯이, 상대의 감정적 한계를 넘어서는 사소한 말 한 마디는 두 사람의 관계에 치명적으로 작용한다.

또한, 부모와 자녀 사이에서도 이런 일이 자주 생긴다. 부모는 자녀가 자신이 기대하는 만큼의 성과를 내지 못할 때 실망감을 표출하고, '넌 왜 이것도 못 하니?'라고 말하기 쉽다. 그러나 자녀에게 이런 말은 부모의 기대와는 달리 그들의 자존감을 무너뜨리고, 자기 자신에 대한 부정적인 인식을 키울 수 있다. 결국, 그 말 한마디가 부모와 자녀 간의 관계에 금이 가게 만드는 셈이다.

감정적 내구력을 인식하지 못하면 문제가 생긴다

사람마다 겉으로 드러나는 모습은 다르지만, 내면의 상태는 더 복잡하다. 누군가는 강해 보이지만, 그 안은 부서지기 쉬운 유리처럼 섬세할 수 있다. 겉으로는 밝고 긍정적으로 보이지만, 사실 속으로는 깊은 상처를 안고 살아가는 사람도 있다. 그들의 한계를 무시하거나, 그들이 보여 주는 외형적인 모습만 보고 그들을 판단하는 것은 큰 실수다.

가까운 친구 사이에서도 비슷한 상황이 발생한다. 오래된 친구에게 말을 편하게 던지는 것을 당연하게 생각할 수 있지만,

그 편한 말이 친구에게는 상처가 될 수 있다. 무심코 던진 농담이나 직설적인 조언이 상대방의 감정적 한계를 넘어서면, 그 친구와의 관계는 서서히 멀어질 수밖에 없다. 실제로, 오랜 친구 사이에 갈등이 생겼을 때 서로의 상처를 덮기 위해 많은 시간과 노력이 필요하다. 일단 금이 간 관계는 복구하기가 어렵다는 점에서, 상대방의 감정적 내구력을 이해하고 존중하는 태도가 필요하다.

관계는 신중해야 한다

인간관계에서 중요한 것은 적절한 온도를 유지하는 것이다. 뜨거운 물이 플라스틱을 변형시키듯, 우리가 상대방의 감정적 한계를 넘어서면 그 관계는 금방 금이 가고 망가진다. 반대로 너무 차가운 태도도 문제다. 감정적 교류 없이 냉랭한 관계는 오래 유지될 수 없다. 중요한 것은 상대방의 감정 상태를 인식하고, 그들에게 맞는 온도로 대하는 것이다. 말과 행동에서 항상 상대가 감당할 수 있는 수준을 생각하는 것이 관계를 오래 유지하는 비결이다.

예를 들어, 직장에서 상사가 모든 팀원에게 동일한 기대치를 부여하는 것은 위험하다. 각기 다른 능력과 성향을 가진 팀원들이 모두 같은 부담을 짊어질 수는 없다. 한 팀원은 높은 업무 강도에서도 문제없이 성과를 낼 수 있지만, 다른 팀원은 그 같은 요구를 감당하지 못할 수 있다. 팀장이 이를 인식하지 못한 채 지속적으로 무리한 요구를 한다면, 그 팀원은 결국 번 아웃에 빠지거나, 팀 전체의 성과에 악영향을 미칠 수 있다.

책임 있는 태도가 중요하다

사람에게 상처가 생기면 그 상처는 시간이 지나도 아물지 않는 경우가 많다. 이를 방지하려면 우리는 상대방의 감정 상태와 한계를 존중하고, 그들이 감당할 수 있는 수준에서 대화를 이어 나가야 한다. 플라스틱 용기에 뜨거운 물을 담아 용기를 변형시키는 일은 누구나 쉽게 저지를 수 있는 실수다. 그러나 인간관계에서 중요한 것은 잘하는 것보다 실수하지 않고 상처 주지 않는 것이다. 그것이 어떤 것이든 상대방의 감정적 한계를 무시하고 행동하는 작은 실수들이 그 관계에 돌이킬 수 없는 금을 남길 수 있다. 말과 행동에서 적절한 온도를 유지하고, 상대방의 감정적 한계를 이해하는 것이야말로 관계를 단단하게 유지하는 길이다.

"진정성이 담긴 말과 행동은 상대의 마음에 깊이 스며들며,
우리를 신뢰받는 존재로 만든다."

PART

03

· · ·

말과 행동을
단단하게

01

말은 마음에
새겨진다

"엄마가 뭐야 엄마가? 다 큰 군인 아저씨가 엄마가 뭐야?"

고등학교를 졸업하자마자 나는 해병대에 지원해 군인 아저씨가 되었다. 아직 어린 나이였지만, 당시에는 내가 많이 어른스러워졌다고 생각했다. 훈련소를 마치고 짧은 휴가를 나왔을 때, 길을 걷다 한 아주머니에게 들었던 이 말이 내 삶에 큰 변화를 가져왔다. 그 이후로 나는 '엄마'를 '어머니'로, '아빠'를 '아버지'로 부르기 시작했다. 그때부터 부모님께 너무 격을 차리며 대하게 되었다. 돌이켜 보면, 그 한마디로 인해 부모님과의 친밀함이 서서히 멀어지기 시작했던 것 같다. 만약 시간을 되돌릴 수 있다면 다시 '엄마', '아빠'라고 부르고 싶다. 지금은 어색해

져서 더 이상 그렇게 부르지 못한다. 사람마다 다르겠지만, 나는 '엄마', '아빠'라는 표현이 부모와의 관계를 더 가깝게 만든다고 생각한다. 그리고 말이 바뀌면 마음도 자연스럽게 달라진다.

말은 마음에 흔적을 남긴다

말의 힘은 우리가 생각하는 것보다 훨씬 강력하다. 단순히 주고받는 대화로 끝나는 것이 아니라, 말은 상대의 마음에 깊게 새겨져 평생 영향을 미친다. 어릴 적 부모나 선생님이 했던 말한마디가 오랫동안 기억에 남는 경우가 있는 것처럼, 가까운 이들이 무심코 던진 말이 평생의 상처가 될 수도 있다. 반대로 격려나 칭찬은 사람의 자존감을 높이고, 도전의 용기를 불어넣는다. 말은 눈에 보이지 않지만, 시간이 지나도 그 흔적은 사람의 마음속에 남아, 좋은 기억이 될 수도 있고, 지울 수 없는 상처가될 수도 있다.

김연아 선수가 어린 시절 부모님에게서 가장 많이 들었던 말은 '연아야, 너는 할 수 있어'라는 말이었다. 국제 대회에서 메달을 따지 못해 좌절할 때도 부모님은 '너의 시간은 반드시 올거야'라며 격려했다. 이 말들이 그녀가 포기하지 않고 끝까지 도전할 수 있게 만든 원동력이 되었다. 축구 선수 박지성도 마찬가지다. 체격이 작아 축구 선수가 되기 어렵다는 말을 많이 들었지만, 그의 아버지는 항상 '넌 충분히 할 수 있어'라고 응원했다. 결국, 그는 아시아 선수로는 최초로 유럽 챔피언스 리그에서 우승을 차지하며 한국 축구의 역사를 새로 썼다. 이처럼 성공한 사람들의 뒤에는 따뜻한 말과 격려가 있었다. 그들이 이뤄 낸 성과는 단순한 훈련과 기술로 이루어진 것이 아닌, 그들의 마음을 지탱해 준 말들 덕분이었다.

말은 상처도 남긴다

긍정적인 말이 힘을 주는 것처럼, 부정적인 말이 미치는 영향도 크다. 우리는 뉴스에서 성적 비관이나 부모의 꾸중 때문에 극단적인 선택을 하는 학생들의 이야기를 가끔 접한다. '왜 너는 이것밖에 못 해?', '이런 성적으로 어떻게 대학에 갈 수 있겠니?' 같은 말들이 쌓이고 쌓여 그들에게는 돌이킬 수 없는 상처가 되기도 한다. 로빈 윌리엄스 같은 세계적인 코미디언도 어릴 적부터 친구들의 괴롭힘과 교사의 부정적인 평가에 큰 상처를 입었다. 그 상처는 그가 성인이 되고, 유명해졌음에도 불구하고 평생 따라다녔으며, 결국 그를 비극적인 결말로 이끌었다. 말은 단순한 소리가 아니다. 부정적인 말은 사람의 삶을 송두리째 흔들 수 있을 만큼 큰 힘을 가지고 있다.

우리는 말을 쉽게 내뱉지만, 그 말이 상대방의 인생을 어떻게 바꿀지는 알 수 없다. 더군다나 가까운 사람일수록, 말의 영향력은 더 커진다. 부모의 꾸중, 친구의 농담, 동료의 지적이 아무리 작은 것이라도, 그것이 상대방의 마음을 무너뜨릴 수 있다는 사실을 잊지 말아야 한다.

부정적인 말은 사람을 무기력하게 만든다

말이 마음에 새겨진다는 것은 단순한 비유가 아니다. 심리학에서는 '부정성 편향Negativity Bias'이라는 개념이 있다. 이는 사람의 뇌가 긍정적인 정보보다 부정적인 정보를 더 강하게 기억하는 경향을 말한다. 즉, 아무리 좋은 말들이 많이 오가도, 부정적인 말 한마디가 그 모든 긍정적인 말들을 덮어 버릴 수 있다. 무심코 던진 부정적인 말이 상대방의 마음속에 깊은 상처로 남고, 그 상처는 상대방의 행동과 생각에 큰 영향을 미치게 된다.

'말은 씨가 된다'라는 속담처럼, 우리가 내뱉는 말은 단지 타인의 마음에만 새겨지는 것이 아니다. 자기 자신에게 하는 말도 중요하다. 자신에게 자주 부정적인 말을 하면, 그 말은 결국 자기 자신의 가능성을 제한하고 억압하게 된다. '나는 안 돼', '이건 나에게 너무 어려워' 같은 말을 반복하면, 결국 그 말은 스스로에게 자책감과 한계를 불러온다. 우리의 말이 타인에게 미치는 영향만큼, 스스로에게 미치는 영향도 크다. 내뱉은 말이 나의 기분을 형성하고, 나의 행동을 결정짓는 것이다.

말의 중요성

일상 속에서 우리는 위로와 직언을 주고받는다. 때로는 따뜻한 말이 필요한 순간이 있고, 때로는 직설적인 말이 필요할 때도 있다. 그러나 그 말들이 상대방의 마음에 어떤 흔적을 남길지는 한 번 더 생각해야 한다. 단순한 의사소통 도구로서의 말이 아니라, 말이 지닌 감정적 무게와 그로 인한 결과를 고민할 필요가 있다. 가까운 사람일수록 그 말의 힘은 더 크고, 더 오래 남는다. 한마디 말이 상처가 되어 수년이 지나도 그 사람의 마음속에 아픔으로 남을 수 있다는 점을 잊지 말아야 한다.

조앤 롤링은 '말은 우리의 가장 고귀한 무기이자 도구'라고 말했다. 말은 칼날처럼 날카로워서 사람에게 상처를 내기도 하고, 따뜻하게 사람을 감싸는 포근함을 주기도 한다. 그래서 우리는 말을 선택할 때 신중해야 한다. 말이 상대방에게 새길 흔적과 그로 인해 생겨날 결과를 깊이 고민해야 한다.

긍정적인 말의 힘

심리학자 마틴 셀리그먼은 긍정적인 언어와 사고가 사람의 행동에 미치는 영향에 대해 강조했다. 그의 연구에 따르면, 긍정적인 말은 단순한 위로를 넘어 사람의 행동을 변화시키고 삶의 질을 높이는 데 기여한다. '너는 할 수 있어', '괜찮아, 잘하고 있어' 같은 긍정적인 말은 그 사람의 내면을 지탱해 주는 힘이 된다. 반대로, 부정적인 말은 그 사람의 발목을 잡고, 더 나아가서는 그 자리에 주저앉혀 버린다. 긍정적인 말은 미래에 대한 가능성을 열어 주고, 사람을 앞으로 나아가게 한다. 자기 자신에게도 긍정적인 말을 해야 한다. '난 잘하고 있어', '내일은 더 나아질 거야' 같은 말들이 자신을 지탱하는 힘이 될 수 있다. 말이란 내가 타인에게 내뱉는 것인 동시에, 내 자신에게 보내는 메시지이기도 하다. 나의 말을 통해 스스로를 지지하고, 내 가능성을 더 넓게 바라보는 것이 중요하다.

우리는 무심코 던진 말 한마디가 누군가의 인생을 바꿀 수 있다는 사실을 잊고 산다. 어떤 말을 선택할 때 우리는 항상 신중해야 한다. 매일 하는 말들이 상대방의 마음에 어떻게 새겨질지, 그 말이 자신에게 어떤 영향을 미칠지 항상 생각해야 한다. 오늘 당신은 어떤 말을 선택할 것인가? 그것은 당신의 선택할 수 있는 가장 큰 무기이다.

02

행동이 나를
증명한다

　사람들은 말로 자신을 쉽게 포장하려 한다. 나는 책임감이 강한 사람이야, 나는 일을 잘해, 나는 실수하는 것을 좋아하지 않아 같은 말로 자신을 설명하고 타인에게 좋은 인상을 남기고 싶어 한다. 그러나 자신을 증명하는 것은 말이 아니라 행동이다. 말은 누구나 쉽게 할 수 있지만, 행동은 꾸며 내기가 어렵다. 한두 번은 어떻게 꾸민다고 해도 지속적으로 하기는 어렵다. 말과 행동이 일치하지 않으면, 진정성을 의심하고 그 사람을 신뢰하지 않는다. 말은 순간적이지만 행동은 연속해서 보여지기 때문에, 꾸준한 행동만이 사람에게 신뢰를 쌓게 만든다. 결국 말이 자신을 이상한 사람으로 만들기도 하고, 행동이 자신의 진정한 가치를 보여 주기도 한다.

어느 공간이든 입으로만 일하는 사람이 있다. 학교에도 있고, 직장에도 있고, 집에도 있다. 하지만 행동이 뒤따르지 않는 말은, 그 사람을 한없이 가볍게 만들고, 품격을 떨어뜨린다. 그래서 말은 주의가 필요하고, 행동은 책임이 필요하다. 주니어일 때 입으로만 일하는 동료가 있었다. 그는 상사들이 포함된 회의에서는 모두 자신이 할 것처럼, '그건 제가 하겠습니다, 그건 제가 잘합니다', 이런 식의 표현을 사용했다. 그러나 막상 일을 할 때는 자신의 업무가 아니어서, 자신이 잘 모르는 일이어서, 자신이 바빠서, 이런 말들로 업무를 회피했다. 그리고 나중에 문제가 되면, 다른 동료들에게 책임을 떠넘기곤 했다. 이런 사람은 결국 시간이 지나면 정체가 밝혀진다. 아무리 자신이 스스로 포장하고 감추려고 해도 자연스럽게 드러나게 된다.

반면, 말이 많지 않더라도 책임감 있게 일하는 사람, 꾸준하게 일하는 사람은 그 행동만으로 동료들에게 신뢰를 준다. 말 그대로 함께 일하고 싶은 사람이 되는 것이다. 말보다 행동이 강력한 이유는 그 사람을 가장 정확하게 보여 주기 때문이다. 그러나 행동은 증명하는 것일 뿐, 말도 중요하다. 즉, 말과 행동이 연결되어야 가장 강력한 모습이 된다. 행동은 정말 뛰어나지만, 말로 표현을 하지 않는다면, 다른 사람을 빛나게 하는 데 이용만 될 수도 있다. 겸손과는 조금 다른 문제다. 결국 중요한 일을 할 수 있는 사람, 중요한 일을 맡길 수 있는 사람이 되기 위해서는 말과 행동이 일치되어야 한다. 둘 중 하나라도 부족하다면, 그 능력을 키워야 한다.

말이 행동보다 앞섰을 때 얻을 수 있는 장점은 하나도 없다. 누군가에게 '너는 나에게 소중한 사람이야'라고 말을 해 놓고, 정작 상대가 필요할 때 외면하거나 도움을 주지 않으면 말은 허풍이 된다. 반대로, 굳이 말을 하지 않아도 어려운 상황에 먼저 손을 내밀어 주는 친구는 둘도 없는 친구가 된다. 사람과 사람 사이는 그렇게 이어진다. 친구 관계도, 동료 관계도, 부부 사이도. 언행일치는 도덕적 이상이 아니라, 사람들 사이에 신뢰를 잇는 필요충분조건이다.

심리학에서도 말과 행동의 일치나 불일치는 중요한 주제다. 레온 페스팅거의 인지 부조화 이론은 말과 행동이 일치하지 않을 때, 사람들이 심리적인 불편함을 느낀다는 점을 설명한다. 즉, 인간의 본능이 '언행불일치'를 거부한다는 것이다. 그래서 사람들은 '언행일치'를 통해서 사람들의 신뢰를 얻으려고 노력한다. 언행일치는 신뢰를 만드는 가장 중요한 일이다. 리더십에서도 매우 중요하다. 사람들은 리더십을 매우 어렵게 생각하고 포장하지만, 결국 리더십은 신뢰를 만드느냐 못 만드느냐의

싸움이다. 스티브 잡스는 혁신에 대해 말로 설명하는 것이 아니라, 행동으로 보여 주는 것이라고 말했다. 그의 리더십과 성공은 단순히 비전을 제시하는 데 그치지 않고, 그 비전을 실제로 실현하는 데 있었다. 스티브 잡스는 매우 괴팍한 사람으로 알려져 있지만, 신뢰가 이 모난 성격을 참을 수 있게 만든 것이다. 즉, 잡스는 행동으로 자신의 비전을 증명했고, 그렇게 만들어진 신뢰로 인해 그의 말에 힘이 생긴 것이다. 말보다는 행동이 훨씬 강력한 메시지를 전달할 수 있다는 사실을 보여 주는 대표적인 사례다. 즉, 리더십은 '신뢰'가 전부다. 리더라면 이 말을 꼭 기억해야 한다.

결국 말과 연결된 실천의 행동들이 모여 우리의 가치를 증명한다. 제임스 클리어는 그의 저서 『아주 작은 습관의 힘』에서 작은 행동의 반복이 결국 큰 변화를 만든다는 점을 강조했다. 매일 꾸준히 실천하는 작은 행동이 모여 자신을 증명하고, 나아가 큰 변화를 이끌어 낸다. 아무리 스스로 성실하다고 말해도, 아무리 능력이 뛰어나다고 말해도, 그 말에 걸맞은 행동이 따르지 않으면 말은 허풍에 불과하다. 회사에 지원할 때 말로 면접관의 마음을 얻었던 사람이 행동으로 보여 주면 '역시'라는 말을 듣게 되지만, 말과 전혀 다른 사람이라면 그저 이상한 사람이 된다. 결국 우리는 나의 행동으로 내가 누구인지를 드러내는 것이다.

자기 PR이 트렌드로 떠오른 현대 사회에서 말은 더할 나위 없이 중요한 도구다. 그러나 말하는 것이 능력이 되려면, 행동으로 검증되어야 한다. 인사하는 모습이 그렇고, 출퇴근 약속을 잘 지키는 근태가 그렇고, 업무를 대하는 태도가 그렇고, 실제의 업무 능력이 그렇고, 동료를 대하는 태도가 그렇다. 후배 직원들에게만 필요한 것이 아니라 상사에게도 똑같이 필요한 능력이다.

그 공간이 어디든 우리는 행동으로 자신을 증명해야 한다. 나의 말에 같은 행동이 더해지면, 스스로 가치를 높일 수 있다. 내가 어떤 사람인지는 결국 내가 보여 주는 행동에 달려 있다. 말로 자신을 드러내기보다 행동으로 자신을 증명하자. 매일의 작은 실천이 쌓여, 결국 자신의 진정성을 드러내야 삶의 흐름을 바꿀 수 있다.

03

함께한다는 건

"내가 분리수거를 도와줄게."
"분리수거는 내가 할 테니까 건들지 마. 당신은 쉬고 있어."

이 두 문장은 같은 행동을 말하고 있지만, 그 속에 담긴 의미는 완전히 다르다. 하나는 함께하겠다는 의지를 담고 있고, 다른 하나는 상대방의 일을 대신하겠다는 뜻이다. 이렇게 돕는 것과 함께하는 것의 차이는 미묘해 보일 수 있지만, 사람 사이에서는 전혀 다른 의미로 다가온다. 특히 부부 사이에서는 이 작은 차이가 사랑을 더욱 확인시켜 주기도 하고, 때로는 깊은 갈등을 일으키기도 한다. 함께하는 것은 단순히 돕는 것보다 더 큰 힘을 발휘하며, 갈등을 줄이고 관계를 더 단단하게 만든다.

돕는 것과 함께하는 것은 다르다

부부 사이에서 '내가 도와줄게'라는 말은 자주 사용하는 말이다. 친절하게 들릴 수 있지만, 이 말 속에는 상대방의 일을 대신 해 주겠다는 의미가 담겨 있다. 반면, '내가 할게'라는 말은 다르다. 이 말은 그 일을 내 일처럼 받아들이겠다는 의지를 나타낸다. 돕는다는 것은 어느 정도 거리를 둔 행동일 수 있지만, 함께 한다는 것은 그 일을 자신의 일로 소화하겠다는 의미다.

이 차이는 직장에서도 분명하게 나타난다. '오늘 회의 준비 좀 도와줄래?'라는 말은 흔히 들을 수 있다. 그러나 직장에서는 단순한 도움을 넘어 협력이라는 더 큰 그림이 필요하다. 업무는 각자의 몫을 돕는 것 이상의 책임감과 상호 의존을 필요로 한다. 협력은 같은 목표를 향해 나아가는 과정이어야 한다.

예를 들어, 팀에서 중요한 프로젝트를 진행할 때 팀장이 '이 부분 좀 도와줘'라고 말하는 것과 '이건 우리 함께 해 보자'라고 말하는 것, 두 말이 전달하는 책임감의 차이는 크다. 첫 번째 말은 단순히 일을 나누는 느낌을 줄 수 있지만, 두 번째 말은 함께 목표를 향해 나아가는 동료로서의 신뢰와 책임감을 부여한다. 그 결과, 팀의 결속력은 강해지고 성과도 훨씬 좋아진다.

함께한다는 것은 책임감을 가지는 것이다

직장에서의 업무는 단순한 돕기가 아닌, 각자의 책임을 다하며 협력하는 것이다. 회사가 직원에게 급여를 지급하는 이유는 그만큼의 책임을 다하라는 기대가 있기 때문이다. 그러나 우리는 가끔 '이 정도 도와줬으니 충분해' 또는 '이건 내 일이 아니니까 굳이 할 필요 없어'라는 생각을 하기도 한다. 하지만 진정한 협력은 단순히 도움을 주고받는 것을 넘어, 함께 목표를 이루기 위한 책임감에서 시작된다.

한번 스스로에게 질문해 보자. 내가 팀에서 맡은 일을 할 때 진정으로 '함께'하고 있는지, 아니면 단순히 도와주는 수준에 머물고 있는지. 만약 팀원 중 한 명이 '이건 내 일이 아니니까 그냥 넘기겠다'라고 생각한다면, 그 팀의 팀워크와 성과는 크게 흔들릴 것이다. 반대로 모두가 함께하는 마음으로 자신의 역할을 다하고 서로를 지원한다면, 그 팀은 놀라운 성과를 이룰 것이다.

부부 관계도 마찬가지다. 아내가 피곤해 보일 때 '도와줄게'라고 말하는 대신, '내가 할게'라고 말하며 그 일을 자신의 일로 받아들일 때, 상대방이 느끼는 감정은 크게 달라진다. 이는 곧 함께하겠다는 의지의 표현이며, 이러한 작은 변화가 부부 관계를 더 견고하게 만든다.

공감이 필요한 순간이 있다

우리는 흔히 '계산적'이라는 말을 부정적으로 생각하지만, 협력적인 관계를 유지하려면 적절한 계산과 균형이 필요하다. 내가 제공한 가치와 내가 받은 혜택이 균형을 이뤄야 관계가 지속된다. 회사가 직원에게 급여와 복지를 제공하는 것도 그만큼의 가치를 기대하기 때문이다.

하지만 모든 관계를 계산만으로 유지할 수는 없다. 여기서 중요한 것이 공감이다. 동료가 개인적인 이유로 업무를 처리하지 못하는 상황이 되었을 때, '당신은 왜 일을 못 해?'라고 비난하기보다는 '힘들구나, 오늘은 내가 도와줄게'라고 말해주는 것이 필요하다. 이 공감 어린 말 한마디가 관계를 살리고, 신뢰를 쌓는다.

반대로, 의도적으로 자신의 역할을 다하지 않거나 팀에 해를 끼치는 상황에서는 공감만으로는 부족하다. 이럴 때는 공정한 평가와 책임감이 필요하다. 공감과 공정함의 균형을 유지할 때, 우리는 건강한 협력 관계를 이어 갈 수 있다.

함께하면 시너지가 생긴다

협력은 혼자서 잘해서 이루어지는 것이 아니다. 서로를 존중하고, 각자의 역할을 충실히 수행할 때 비로소 시너지가 발생

한다. 이러한 시너지가 모여 큰 성과를 이루고, 개인의 성장과 조직의 성공을 이끌어 낸다. 이는 또한 긍정적인 선순환을 만든다.

가정에서도, 직장에서도 정말 중요한 일들은 대부분 함께해야 한다. 남편이 아내에게 잘하는 것은 아내만을 위한 것이 아니다. 반대로 아내가 남편에게 잘하는 것 역시 자신을 위한 일이다. 배우자가 행복해지면 그 행복은 자신에게도 영향을 미치고, 가정은 더 풍요로워진다. 직장도 마찬가지다. 좋은 상사는 좋은 직원을 만들고, 좋은 직원은 좋은 상사를 만든다. 서로의 장점을 인정하고, 부족한 부분을 채워 가며 성장하는 것이 진정한 협력이다.

함께하면 더 강해진다

돕는 것과 함께하는 것의 차이는 관계를 대하는 태도에서 비롯된다. 단순히 돕는다는 것만으로는 진정한 협력에 도달하기 어렵다. 우리는 같은 목표를 향해 함께 나아가는 동료라는 사실을 인식하고, 각자의 역할을 충실히 수행하면서 서로를 이해하고 배려해야 한다.

지금 내 주변의 관계에서 나는 돕는 것에만 머물고 있는가? 이 기초적인 단계를 넘어서면 진정한 파트너가 될 수 있다. 그 관계가 회사에서라면 동료와의 신뢰가 더욱 깊어질 것이고, 연인이나 가족이라면 사랑과 유대가 더욱 단단해질 것이다. 서로의 책임을 공유하고 공감하는 순간, 우리는 더 나은 결과를 만들게 된다.

그러니 무엇이든 함께하자. 팀이든, 가정이든, 중요한 것은 함께 걸어가는 것이다. 협력의 진정한 힘은 서로의 손을 맞잡고 나아갈 때 발휘된다. 혼자가 아닌 함께하는 과정에서 우리는 더 강해지고, 더 큰 성과를 얻게 될 것이다.

지금 당신은 누구와 함께하고 있는가? 함께할 때 우리 관계는 더욱 단단해진다.

04
사람의 마음을 움직이는
예쁜 말

"너는 태도가 참 좋구나."
"젊은 사람들이 태도가 좋아야 하는 건 당연한 거지."

이 두 문장은 같은 상황에서 나온 말이지만, 그 속에 담긴 감정은 전혀 다르다. '너는 참 태도가 좋구나'라는 말은 상대방의 긍정적인 면을 인정하고 강화한다. 반면 '젊은 사람들이 태도가 좋아야 하는 건 당연한 거지'라는 말은 상대방의 노력을 무색하게 만들고, 하고자 하는 마음을 꺾어 버린다. 어떤 말은 사람의 마음을 움직이고, 또 어떤 말은 그 마음을 닫아 버린다. 우리는 과연 어떤 말을 선택해야 할까?

예쁜 말은 사람의 마음을 움직인다

'말 한마디로 천 냥 빚을 갚는다'라는 속담이 있다. 같은 상황에서도 어떤 말을 선택하느냐에 따라 그 말이 가진 힘은 전혀 달라진다는 뜻이다. 누군가는 작은 말 한마디로 상대의 노력을 빛내 주지만, 또 다른 이는 같은 말 한마디로 그 모든 노력을 무색하게 만든다. 우리의 말은 태도와 결합되어 상대방에게 전달되고, 그 말은 사람의 마음을 움직이기도 하고 상처를 주기도 한다.

내 경험에서도 이를 절실하게 느꼈다. 아이들에게 인사를 잘하고 말을 예쁘게 하라고 가르치면서, 나 또한 행동으로 보여 주기 위해 노력했다. 완벽한 부모는 아니었지만, 그 마음만은 놓치지 않으려고 했다. 그 결과, 우리 아이들이 만나는 어른들은 항상 아이들을 칭찬해 주었다. 경비 아저씨들은 종종 과자를 사 주었고, 빵집에서는 아이들이 갈 때마다 서비스로 더 많은 빵을 주었다. 전에 살던 아파트의 나이 드신 경비 아저씨는 우리 아이들이 말을 예쁘게 한다며 산에서 직접 딴 알밤을 한가득 우리 집으로 가져다주기도 했다.

이 모든 것이 우연일까? 나는 그렇지 않다고 생각한다. 말 한마디가 사람의 마음을 움직이는 힘을 가지고 있기 때문이다. 우리 아이들의 예쁜 말이 어른들의 마음을 움직였고, 그들은 그 따뜻함을 되돌려 주었다. 말은 그렇게 강력한 힘을 지니고 있다.

말과 태도는 회사에서 더 중요하다

회사에서도 말과 태도의 중요성은 마찬가지다. 우리는 매일 많은 사람들과 소통하며 일하는데, 그 과정에서 부정적인 말을 자주 하는 사람은 아무리 능력이 뛰어나더라도 사람들의 마음을 얻기 어렵다. 일을 잘해도 부정적인 말투는 그 노력을 가리게 마련이다. 반면, 언제나 긍정적인 말과 따뜻한 태도로 소통하는 사람은 그 존재만으로도 팀의 분위기를 밝게 만든다. 그의 능력이 평범하더라도 사람들은 그와 일하는 것을 즐기며, 팀의 사기가 올라간다.

당신은 어떤 말을 선택하고 싶은가? 부정적인 태도로 다른 이들의 노력을 무색하게 만들 것인가, 아니면 긍정적인 말 한마디로 팀의 성과와 분위기를 살릴 것인가?

심리학자 버러스 프레더릭 스키너B.F. Skinner의 긍정적 강화Positive Reinforcement 이론을 떠올려 보자. 긍정적인 말은 상대방의 행동을 강화하고, 그 사람과의 관계를 더 긍정적으로 변화시킨다. '고맙습니다', '수고하셨어요' 같은 말들은 단순한 인사말일지 몰라도, 그것들이 상대방에게 주는 긍정적인 감정은 크다. 반복되는 긍정적인 피드백이 사람의 행동을 바꾸고, 결국 그 사람과의 관계도 더욱 돈독하게 만든다.

사람의 마음을 여는 말 한마디

말 한마디는 사람의 마음을 열기도 하고 닫기도 한다. 하버드대학교 심리학 교수 에이미 커디Amy Cuddy 는 긍정적인 말과 태도가 사람들에게 호감을 불러일으키고, 관계를 더 돈독하게 만든다는 연구 결과를 발표했다. 단순한 긍정적인 말 한마디가 상대방의 마음을 열고, 나에게 더 많은 것을 주고 싶게 만든다는 것이다.

부부 관계에서도 이 원칙은 그대로 적용된다. 서로의 다른 점을 인정하는 것만으로는 충분하지 않다. 말 한마디가 상대방의 마음을 녹이기도 하고 찌르기도 한다. '당신 덕분에 힘이 나' 같은 말은 사랑과 신뢰를 쌓지만, '왜 그렇게 행동해?' 같은 말은 상대방의 마음을 닫아 버린다. 결국 말 한마디가 관계를 결정짓는 중요한 요소가 된다.

당신은 지금 누구에게 어떤 말을 건네고 있는가? 그 말이 상대방의 마음을 따뜻하게 하고 있는가, 아니면 상처를 주고 있는가?

말은 선택할 수 있다

우리는 매 순간 어떤 말을 사용할지 선택할 수 있다. 그 선택이 우리 삶의 질을 달라지게 한다. 상대방을 공격하는 말을 할 것인가, 아니면 이해와 공감을 담은 따뜻한 말을 건넬 것인가? '내가 원래 말투가 좀 세'라고 합리화할 것인가, 아니면 '좀 더 부드럽게 말하도록 노력할게'라고 할 것인가?

말이 예쁘다는 것은 단순히 공손한 말투를 의미하지 않는다. 그 말속에 담긴 진심과 배려가 상대방에게 어떻게 전달되느냐가 중요하다. 상대방이 나를 어떻게 느끼게 할지를 생각하며 말하는 것, 그것이 진정으로 사람의 마음을 움직이는 힘이다.

말은 사람을 움직인다

예쁜 말은 사람의 마음을 움직인다. 그 말은 사람의 마음을 열고, 관계를 변화시키며, 더 나은 세상을 만든다. 우리는 말을 통해 세상을 바꿀 힘을 가지고 있다. 예쁜 말을 건네는 것은 생각보다 쉽지 않지만, 그 효과는 놀라울 정도로 강력하다. 당신이 오늘 건넬 한마디가 누군가의 하루를 바꿀 수도 있고, 그들의 삶에 깊은 흔적을 남길 수도 있다.

우리가 말 한마디로 세상을 바꿀 수는 없지만, 내 관계는 바꿀 수 있다. 그것이 세상을 바꾸는 일의 시작이 아닐까? 나의 말 한마디가 누군가의 마음에 스며들어 작은 변화를 만들고, 더 큰 결과를 불러올 것이다. 내가 하는 예쁜 말은 내 인생의 흐름을 바꾸게 될 것이다.

05

선을 넘게
만드는 사람

"안녕하세요. 저는 H 중학교 장학 담당 교사 이은경입니다.
선생님, 꼭 부탁드리고 싶은 것이 있어서 전화를 드렸습니다."

"네, 말씀해 보세요. 어떤 건가요?"

"재단에서 요청하신 대로 우리 학교 학생 한 명을 장학생으
로 추천했습니다. 하지만 두 명의 학생을 면담한 후 한 명만을
선정하라는 재단 규정이 참 어렵습니다. 두 학생 모두 가정 환
경이 너무나 어려워 한 명이 장학금을 받지 못하면 상처를 받을
까 마음이 아픕니다. 어렵겠지만, 혹시 특별히 한 명만 더 선발
해 주실 수 없을까요? 부탁드립니다. 아이들에게 상처를 주고
싶지 않습니다."

"선생님, 그 마음 고맙습니다. 제가 무슨 수를 써서라도 결재

를 받아 내겠습니다. 이사장님 결재가 나지 않으면, 제 사비로라도 지원하겠습니다."

이 통화는 내가 그룹 장학재단 사무국에서 일할 때 있었던 일이다. 나는 이사장에게 보고한 후 두 학생 모두에게 장학금을 지급했다. 나보다 젊은 선생님의 진심 어린 태도는 내 마음 깊은 곳까지 울림을 주었고 존경심을 일으켰다. 규정을 넘는 선택이었지만, 그 교사의 진심이 나를 움직였고 선을 넘게 만들었다.

이 경험은 긍정적인 경계를 넘게 하는 감동적인 사례였지만, 반대로 부정적인 선을 넘게 한 사례도 있다.

임원으로 있던 회사에서 한 직원에게 가장 강한 징계를 내린 적이 있다. 평소의 나로서는 하기 어려운 결정이었지만, 그 직원은 회사 규정을 자주 어기고 동료들과의 갈등을 자주 일으켰다. 사장 외의 상사들에게도 무례하게 굴었으며, 회사 분위기를 해치는 사람이었다. 매일같이 그 직원은 나의 심리적 경계를 넘는다는 느낌을 받았고, 그 감정은 점점 더 강해졌다. 결국 나는 가능한 모든 수단을 동원해 그에게 최대의 징계를 내렸다.

그때 나 자신에게 놀랐다. '왜 이렇게까지 감정적으로 대응했을까?' 곰곰이 생각해 보면, 그 직원의 태도가 나로 하여금 부정적인 선을 넘게 만든 셈이었다. 그의 무례하고 불성실한 태도를 본 나는 감정적으로 반응했고, 결국 규칙을 넘어서까지 그를 응징하고 싶게 만들었다. 그의 태도가 나의 행동을 자극한 것이다.

태도가 선을 넘게 만든다

사람은 모두 각자의 심리적 경계를 가지고 있다. 이 경계는 사회적 규칙, 도덕적 가치관, 그리고 우리의 경험에 의해 형성된다. 평소에는 이 경계를 지키며 일상을 안정적으로 유지한다. 그러나 상대방의 태도는 때때로 우리의 경계를 넘게 만드는 강력한 힘이 된다.

긍정적인 태도는 사람에게 선을 넘게 만든다. 성실하고 예의 바른 후배가 있다면, 그의 태도는 나로 하여금 그를 더 돕고 싶게 한다. 내 일과 무관한 부분이라도 그를 위해 시간을 내고, 그의 성장을 돕고 싶은 마음이 자연스럽게 생긴다. 이것이 바로 태도의 힘이다.

당신은 최근에 누구에게 선을 넘어서까지 도와주고 싶었던 적이 있는가? 그 사람의 태도는 당신에게 어떤 영향을 미쳤는가?

부정적인 태도도 선을 넘게 만든다

반대로, 부정적인 태도는 사람의 부정적인 경계를 넘게 만든다. 상대가 무례하거나 이기적인 행동을 할 때, 우리는 그 경계를 넘어서 되갚아주고 싶은 마음을 느낀다. 상사가 부당하게 대하거나, 동료가 불공정하게 행동할 때 우리는 그 경계를 넘어서 응징하고 싶어지는 것이다. 이는 단순한 감정적 반응이 아닌, 상대방이 우리의 경계를 넘었다고 느낄 때 일어나는 자연스러운 본능이다.

태도가 경계를 정한다

우리가 경계를 넘는 것은 상대방의 태도에 따라 달라진다. 상대가 나에게 예의를 갖추고 정중하게 다가올 때, 나 역시 그 경계를 넘어 더 큰 호의를 베풀고 싶어진다. 반면, 상대가 무례하게 행동하면 우리는 경계를 넘어 응징하고 싶은 충동을 느낀다.

식당에서 한 손님이 직원에게 무례하게 대하는 장면을 떠올려 보자. 그 손님이 선을 넘었다는 것을 우리는 모두 직감적으로 알 수 있다. 그 순간, 다른 손님들은 그 무례한 손님을 지지하지 않는다. 오히려 직원의 편에 서게 된다. 반대로, 직원이 친절하고 정중하게 대하면 손님들은 팁을 주거나 그 식당을 다시 찾게 된다. 이것이 바로 태도가 가지는 힘이다.

당신은 지금 어떤 태도로 타인을 대하고 있는가? 당신의 태도는 상대방이 긍정적인 경계를 넘게 만드는가, 아니면 부정적인 경계를 넘게 만드는가?

경계를 넘게 만드는 것

모든 상황에서 우리의 태도는 상대방에게 선을 넘게 만든다. 긍정적인 태도는 상대방에게 더 큰 호의를 베풀게 하고, 부정적인 태도는 상대방을 부정적으로 자극한다. 그렇기 때문에 우리는 우리의 태도가 타인에게 어떤 영향을 미치는지 끊임없이 돌아봐야 한다.

당신의 태도는 최근에 누군가에게 긍정적인 경계를 넘게 만든 적이 있는가?

결국, 우리는 서로의 태도에 반응하며 경계를 넘는 존재들이다. 나의 태도가 상대방에게 어떤 영향을 미칠지 생각해 보아야 한다. 내가 상대방에게 더 큰 호의를 베풀고 싶은 마음을 주는 태도를 가지고 있는가, 아니면 그에게 상처를 주고 경계를 깨뜨리게 만드는가? 우리의 태도는 관계의 경계를 어떻게 넘게 할지 결정짓는 중요한 요소다.

06
피드백의 힘

"최근에 누군가에게 진심 어린 피드백을 주거나 받은 적이 있나요?"

피드백은 단순한 대화가 아니다. 때로는 사람의 마음을 흔들고, 관계를 더 깊게 만들며, 성장의 기회를 제공하는 강력한 도구다. 연인, 친구, 동료 또는 상사와 나눴던 피드백이 당신의 행동이나 태도에 얼마나 큰 영향을 미쳤는지 돌아본 적 있는가? 우리가 주고받는 피드백은 관계의 질을 결정하는 중요한 요소이자, 개인적인 성장과도 연결이 된다.

피드백은 단순한 말의 전달이 아니다. 피드백을 주고받는 과정에서 그 말은 반드시 행동으로 이어져야만 진정한 변화를 이끌어 낼 수 있다. 말이 아무리 정확하고 진심으로 가득해도, 그것이 행동으로 실현되지 않으면 그 피드백은 허언에 불과하다. 결국, 피드백의 힘은 말로 시작해 행동으로 완성된다. 피드백을 효과적으로 주고받는 법을 아는 것은 말과 행동이 일치하는 관계를 만드는 첫걸음이다.

긍정과 존중이 필요하다

피드백을 줄 때 가장 중요한 것은 긍정적이고 존중하는 태도다. 피드백은 상대방을 비난하기 위한 것이 아니라, 그들의 성장을 돕기 위한 것이다. 심리학자 프레드릭 허즈버그는 긍정적 피드백이 동기를 부여하는 동시에 자신감을 높이고, 관계를 강화하는 중요한 역할을 한다고 강조했다. 피드백을 할 때는 상대방의 긍정적인 면을 구체적으로 칭찬하는 것이 매우 중요하다.

예를 들어, 자녀가 집안일을 도왔을 때 '잘했어'라고 형식적으로 말하는 것보다는 '네가 심부름을 해 줘서 정말 큰 도움이 됐어. 덕분에 아빠가 할 일을 할 수 있었어. 고마워'라고 구체적으로 말하는 것이 더 큰 효과를 준다. 구체적인 칭찬은 상대방이 자신의 행동을 명확히 인식하게 하고, 이후에도 자발적으로 더 많은 도움을 주고자 하는 동기를 부여한다. 피드백은 말로 시작되지만, 상대의 행동을 변화시키는 촉매제가 된다.

부정적인 피드백을 줄 때도 상대방을 비난하는 것이 아니라 건설적인 비판을 해야 한다. 문제를 지적하는 대신 어떻게 개선할 수 있을지 방향을 제시하는 것이 중요하다. '왜 항상 늦어?'라는 말 대신 '다음에는 시간을 조금 더 신경 써 주면 좋겠어. 네가 시간을 맞춰 주면 나도 더 기분 좋게 기다릴 수 있을 것 같아'라고 말하면 상대방은 감정적으로 상처받기보다는 문제 해결의 실마리를 찾을 수 있다. 이때, 피드백의 말이 상대방의 행동을 바꾸는 중요한 역할을 하게 되는 것이다.

조언에는 배울 점이 있다

피드백을 주는 것만큼 중요한 것은 피드백을 잘 받아들이는 태도다. 특히 직장에서든 개인 관계에서든, 피드백을 받는 능력은 성장과 발전의 열쇠가 된다. 하지만 부정적인 피드백을 받아들이는 일은 쉽지 않다. 오히려 방어적인 태도를 취하거나 감정적으로 반응하기 쉽다. 이때 중요한 것은 상대방의 피드백을 성장의 기회로 받아들이는 마음가짐이다.

피드백을 받을 때는 방어적인 태도를 버리고 열린 마음으로 듣는 것이 중요하다. 상대방이 나에게 피드백을 줄 때는 나를 비난하거나 공격하려는 것이 아니라, 나의 성장을 돕고자 하는 의도가 있음을 인식해야 한다. 조언을 새겨듣는 사람은 성장하지만, 조언을 거부하는 사람은 상대의 입을 막아, 자신의 성장을 함께 막는다.

행동으로 실천하는 피드백이야말로 피드백을 받은 후 실행해야 할 가장 중요한 부분이다. 피드백을 받은 후에는 반드시 그 내용을 어떻게 행동으로 옮길지를 고민해야 한다. 피드백을 듣는 것에만 그치지 않고, 실제로 내 삶에서 그 피드백을 적용하고 변화를 일으키는 과정이 진정한 성장이다. 상사가 '네 보고서가 더 체계적이었으면 좋겠다'라는 피드백을 주었다면, 기분 나쁘게 받아들이기보다는 '다음 보고서에서는 더 체계적으로 써야겠다'라는 결심으로 행동을 바꾸고 성장의 계기로 삼아야 한다.

이처럼 피드백을 통해 말을 행동으로 전환하는 것이야말로 피드백을 효과적으로 받는 방법이다. 말과 행동이 일치할 때, 그 피드백은 비로소 나의 성장으로 이어질 수 있다.

피드백은 성장의 중요한 요소다

피드백은 그저 듣고 흘려도 되는 조언이 아니다. 피드백은 말로 전달되지만, 그것이 본인의 행동으로 변화하지 않는다면 아무 의미가 없다. 피드백을 통해 변화하고 성장하려면, 피드백의 내용을 실제 행동으로 옮기는 것이 필수적이다. '내가 잘못한 점은 무엇일까?', '다음에는 어떻게 더 잘할 수 있을까?'라는 질문을 통해 자신의 행동을 돌아보고 개선하는 것이 중요하다.

말과 행동의 일치는 피드백을 통해 가장 잘 드러난다. 피드백을 듣는 순간, 우리는 말로 그 내용을 받아들이지만, 그 말을 행동으로 실천하는 순간에 비로소 성장할 수 있다. 아인슈타인은 '말보다 행동이 진리를 보여 준다'라고 말했다. 말로 주고받은 피드백이 행동으로 이어지지 않으면 그 진정한 가치는 발휘되지 않는다.

피드백의 진정한 힘

피드백은 개인의 성장을 이끄는 원동력이다. 긍정적인 피드백은 자신감을 높이고, 부정적인 피드백은 개선할 기회를 제공한다. 중요한 것은 피드백을 주고받는 과정에서 말로 그치지 않고, 이를 행동으로 옮겨 관계와 자신을 변화시키는 것이다. 피드백은 말과 행동의 일치가 이루어질 때 그 진정한 힘을 발휘한다.

우리는 피드백을 통해 서로를 이해하고, 더 나은 방향으로 나아가며, 더 깊은 신뢰를 쌓아갈 수 있다. 피드백은 말로 시작되지만, 결국 우리의 행동으로 완성된다.

07

의도적
습관의 힘

우리는 흔히 '습관이 인생을 만든다'라는 말을 한다. 반복되는 작은 행동들이 결국 우리가 원하는 목표로 이끈다는 의미다. 그런데 이 말은 단지 행동에만 국한되지 않는다. 말 역시 습관이 되어 우리의 행동을 변화시키고, 나아가 인생을 변화시킨다. 말과 행동은 밀접하게 연결되어 있으며, 어떤 삶을 살고 싶은지를 결정짓는 강력한 도구가 된다.

말의 습관이 행동을 이끈다

하루 대부분을 글을 쓰며 보내는 나도, 때때로 '오늘은 글이 안 써질 것 같다'거나 '아, 이글은 너무 어렵다'라는 부정적인 말들이 나도 모르게 흘러나올 때가 있었다. 이런 말을 할 때마다 글 작업이 더 막히는 느낌을 받았지만, 그때는 그 이유를 몰랐다. 부정적인 말이 실제로 내 글쓰기 흐름을 방해하고 있었다는 사실을 깨닫게 된 건 한참 뒤였다.

그래서 작은 변화를 시도했다. 아침에 일어나면 나에게 '오늘은 더 좋은 글을 쓸 거야' 또는 '이 문장은 반드시 해결한다'라고 응원의 메시지를 건네기 시작했다. 잠들기 전에도 같은 말을 반복했다. 처음에는 의식적으로 시작한 행동이었다. 그러나 몇 주가 지나니 글쓰기가 훨씬 편해졌다. 그리고 막히는 부분이 많이 사라졌다. 가끔은 밤에 좋은 문장이 떠오를 때가 있었는데, 그럴 때는 일어나서 즉시 메모를 남기거나 다시 글을 쓰기 시작했다. 이런 과정은 나에게 작가로서 새로운 변화를 일으켰다. 긍정적인 말이 내 행동을 이끌고, 그 행동들이 결과적으로 더 나은 글을 쓰게 만든다는 것을 느낀다.

이 경험은 '의도적 습관의 힘'이 얼마나 강력한지를 깨닫게 해 주었다. 말이 행동을 이끄는 힘은 생각보다 훨씬 더 강력하다. 우리는 매일 스스로에게 던지는 말에 따라 행동이 달라지고, 결과가 달라질 수 있다.

사소한 말, 작은 행동의 힘

강의를 준비할 때도 비슷한 경험을 했다. 강의 초기에는 '이

번 강의는 너무 벅차다'라거나, '내가 잘할 수 있을까?' 같은 생각으로 스스로 위축되곤 했다. 그럴 때마다 강의 준비는 더 부담스럽게 느껴졌고, 결과적으로 강의에서 내가 가진 역량을 충분히 발휘하지 못했다.

하지만 이런 태도를 바꾸니 모든 부분이 달라졌다. 단순히 일을 대하는 태도를 달리했을 뿐인데, 과정부터 결과까지 모두 달라진 것이다. 이 이후에는 '이 강의는 내가 제일 잘하는 부분이잖아', '이번에는 강의에 어떤 메시지를 담을까?', '이들에게 어떻게 도움을 줄까?'라는 생각만 했다. 생각을 달리했을 뿐인데 마음가짐이 달라졌고, 강의 준비가 더 잘됐고, 반응도 좋았다. 내 생각과 마음이 강의를 듣는 청중들에게도 고스란히 전달되는 것이다. 긍정적인 생각이나 말은 자신뿐만 아니라 타인에게도 영향을 미친다.

작가 제임스 클리어는 그의 책 『아주 작은 습관의 힘』에서 '우리가 매일 반복하는 작은 행동들이 우리의 정체성을 형성한다'라고 말했다. 그 말처럼 사소한 말과 행동들이 모여 우리의 성격을 형성하고, 결국 인생을 바꾸는 데 중요한 역할을 한다. 우리가 습관적으로 사용하는 말들이 우리 자신을 어떻게 느끼게 하고, 그에 따라 우리의 행동과 성과가 달라진다는 것이다.

습관이 인생을 바꾼다

습관은 단순한 행동의 반복에 그치지 않는다. 마음속에 자리 잡은 습관적인 사고와 말이 행동으로 이어지고, 그 행동들이 쌓여 인생을 형성한다. 심리학자 윌리엄 제임스는 '행동은 습관을 만들고, 습관은 삶을 결정짓는다'라고 말했다. 우리가 무심코 던지는 말에 따라 우리의 행동이 달라지고, 그 말들이 삶의 방향까지 바꾸게 된다.

예를 들어, '나는 원래 이래서 안 될 거야'라는 말을 반복하면, 그 말은 실제로 행동을 제약하고 결과에도 한계를 만든다. 반대로 '나는 아직 부족하지만, 더 나아질 수 있어'라고 긍정적인 말을 반복하면, 그 말이 행동을 이끌어 내고 결과적으로 더 나은 결과를 가져다준다. 말이 바뀌면 행동이 바뀌고, 그 행동이 쌓여서 우리의 인생을 변화시킨다.

말과 행동의 일관성

말과 행동은 밀접하게 연결되어 있다. 우리는 말을 통해 자신의 의지를 다지지만, 그 말이 행동으로 이어질 때 비로소 진정성이 담긴다. 그 과정에서 형성되는 습관은 우리의 성격을 만들고, 더 나아가 미래를 결정짓는다. 좋은 습관은 단순한 말에서 시작되지만, 그것이 행동으로 실천될 때 비로소 완성된다.

말과 행동의 일치는 우리가 어떤 사람인지를 증명하는 중요한 요소다. 우리가 자주 사용하는 말들이 행동을 이끌고, 그 행동들이 습관으로 자리 잡는다. 결국 그 습관이 우리의 인생을 결정짓는 것이다. 나 자신에게 던지는 말이 건강할수록, 그에 따라 만들어지는 행동 역시 건강해진다.

긍정적인 습관을 만드는 힘

긍정적인 습관은 한순간에 이루어지지 않는다. 하지만 매일 작은 변화를 통해 우리는 스스로를 더 나은 방향으로 이끌 수 있다. 매일 아침 '나는 할 수 있어', '오늘은 좋은 하루가 될 거야'라고 스스로에게 격려의 말을 건네는 등 습관적인 말과 생각을 통해 우리는 보다 나은 변화를 이끌어 낼 수 있다.

작고 사소한 습관이지만, 그 습관들이 모여 인생을 변화시키는 강력한 힘이 된다. 말과 행동의 일관성을 유지할 때, 우리는 비로소 진정으로 원하는 목표에 도달할 수 있을 것이다.

의도적으로 만들어진 작은 습관들이 우리의 삶을 더 나은 방향으로 이끌어 간다. 우리가 무심코 던지는 말들이 습관이 되어 행동을 변화시키고, 그 행동들이 쌓여 삶의 방향을 결정하게 될 것이다. 사소한 말과 행동으로 더 나은 미래를 만들 수 있기를.

"불확실한 세상에서 나를 지키는 힘은
내면의 단단한 마음에서 비롯된다."

PART
04
. . .

마음을 단단하게

01

자신부터
행복해질 것

우리는 살아가면서 타인의 행복을 위해 자신을 희생하는 경우가 많다. 나의 노력으로 누군가의 행복을 돕는 것은 분명 가치 있는 일이다. 하지만 그 과정에서 나의 행복이 침해되고 있다면, 그 방식에 대해 다시 생각해 볼 필요가 있다. 세상에는 나를 희생하지 않으면서도 함께 행복할 수 있는 방법이 많다. 우리는 가족을 위해 헌신하고, 사랑하는 사람을 위해 마음을 내려놓으며, 친구의 고민을 들어 주고, 직장에서 동료와 상사의 기대에 맞추려고 노력한다. 그러나 자주 잊는 중요한 사실이 하나 있다. 바로 내가 먼저 행복해야, 그 행복을 타인과 나눌 수 있다는 것이다. 내가 행복하지 않으면 주변 사람들에게도 진정한 행복을 줄 수 없다. 그러므로 나 자신에게 관심을 가지고 나의 행복을 지키는 일이 우선되어야 한다. 내가 누리는 행복이 나의 삶을 더 풍요롭게 하고, 결국 주변 사람들에게까지 영향을 미치기 때문이다. 나를 존중하는 것이야말로 진정한 배려와 사랑의 출발점이다.

나의 행복이 주변을 바꾼다

행복은 파도처럼 퍼져 나간다. 내가 행복할 때 그 에너지는 주변 사람들에게 자연스럽게 전달된다. 부모가 아이에게 인상을 쓰고 인사하면 아이의 하루는 행복하기 어렵다. 회사에서 상사가 직원들에게 짜증을 내면 그 짜증은 직원들의 마음에 맺혀 버린다. 사랑하는 연인이 짜증을 부리면 마음이 불편해진다. 이 모든 건 인간관계에서 가장 자연스러운 현상이다. 내가 기분 좋게 미소 짓고 긍정적인 태도를 보이면, 그 따뜻함은 주위 사람들에게도 번진다. 반대로 내가 불안하거나 지친 상태라면 그 감정 역시 고스란히 타인에게 전해진다. 결국, 나의 상태가 내가 속한 관계의 분위기를 결정짓는다. 그렇기에 나 자신을 돌보는 일은 무엇보다 중요하다.

비행기에 탑승하면 우리는 이런 안전 수칙을 듣게 된다. 비상 상황에서 산소마스크가 내려오면, 자신부터 마스크를 착용하라는 말이다. 자신이 마스크를 착용해야 다른 사람을 도울 수 있다. 내 안전이 확보되지 않은 상태에서는 그 누구도 도울 수 없고, 사랑하는 사람을 지킬 수도 없다. 반대로 내 안전을 확보한 상태에서는 다른 사람을 도울 수 있고, 살릴 수 있게 된다. 행복도 마찬가지다. 내가 먼저 행복해야 다른 사람에게도 나눌 수 있다.

행복은 다른 사람이 대신 만들어줄 수 없는 가치다. 나의 내면에서 자라나는 것이며, 내가 나 자신을 돌보고 인정할 때 비로소 찾아온다. 작은 일상 속에서 행복의 순간을 발견하고 그것을 누리는 습관이 중요하다. 나를 희생하는 것이 아니라, 나부터 돌보는 것이 먼저다. 나의 행복이 결국 타인과의 관계를 건강하게 만들고, 모두가 더 나은 삶을 누릴 수 있는 기초가 된다.

나의 행복이 나의 길을 밝힌다

행복한 마음은 우리의 삶의 방향을 바꾼다. 행복할 때 우리는 더 넓은 시야를 가지며, 주어진 기회를 망설임 없이 받아들일 수 있다. 행복한 사람은 도전 앞에서도 두려워하지 않으며, 문제를 마주할 때에도 적극적으로 해결책을 찾는다. 내가 기쁨을 느끼며 살아갈 때, 삶은 더욱 활기차고 나아갈 방향이 분명해진다.

반면에 내가 행복하지 않으면, 어떤 기회가 와도 그것을 알아채지 못하거나, 잡을 용기가 부족할 수 있다. 불행한 마음은 우리의 시야를 좁히고, 문제를 더욱 어렵게 만든다. 그래서 내가 먼저 행복을 찾아야 한다. 나의 행복이 곧 삶의 길을 비추는 빛과 같기 때문이다.

자전거를 처음 배우는 아이를 떠올려 보자. 넘어지더라도 다시 일어설 수 있는 용기는 마음에서 비롯된다. 만약 자전거를 배우는 아이의 뒤에서 그를 잡아 주는 사람이 신뢰하는 사람이라면, 아이는 안정을 느끼며 용기를 낼 수 있다. 반대로, 그를 매번 혼내는 사람이 뒤에 있다면 자전거를 타는 것은 무서운 일이 될 것이다. 스스로의 내면이 안정되고 만족스러울 때, 삶의 도전 앞에서도 다시 일어설 힘을 얻는다.

많은 연구에 따르면, 행복한 사람들은 더 나은 결과를 이끌어 낸다고 한다. 행복한 마음은 스트레스를 줄이고, 문제 해결 능력을 높이며, 감정적 안정감을 유지해 더 신중하고 현명한 결정을 내리게 한다. 나의 행복이 삶의 크고 작은 결정에 얼마나 큰 영향을 미치는지 깨닫는 순간, 우리는 내 행복을 우선순위로 삼게 된다.

나의 행복이 나를 사랑하게 만든다

행복은 나 자신을 사랑하는 첫걸음이다. 내가 나를 존중하고 내 가치를 인정할 때, 비로소 행복은 찾아온다. 불행한 상태에서는 스스로를 끊임없이 비판하고, 부족하다고 느낄 수밖에 없다. 하지만 내가 먼저 행복해지면, 나의 부족함조차 있는 그대로 받아들일 수 있는 여유와 자신감을 얻는다. 이것이 나를 더 깊이 사랑하는 과정이다.

행복하지 않은 사람은 자신을 돌보는 일에 소홀해지기 쉽다. 스스로에게 소홀할수록, 상처받기 쉬운 상태에 놓인다. 반대로, 행복한 사람은 자신을 긍정적으로 바라볼 줄 알며, 결점조차 수용할 수 있는 여유를 갖는다. 이러한 과정에서 자존감을 회복하고, 더욱 단단한 내면을 구축하게 된다.

나 자신을 사랑하는 일이 타인과의 관계를 개선하는 데도 큰 역할을 한다. 자신을 사랑하고 행복을 누릴 때, 타인에게도 더 따뜻하고 관대한 태도를 가질 수 있다. 행복한 사람은 자신을 꾸준히 돌보며, 그 영향은 자연스레 타인에게도 전달된다. 결국, 내가 행복해져야 타인과의 관계가 더욱 풍요로워지고, 나의 삶 또한 더 나아질 수 있다.

나의 행복이 세상을 바꾼다

작은 선택 하나가 세상을 바꾼다. 내가 행복한 상태에서 내린 선택은 더 좋은 결과를 낳는다. 행복한 사람은 타인에게 배려하며, 사회 속에서도 선한 영향력을 발휘할 수 있다. 즉, 내가 행복해야 내 주변 사람을 더 행복하게 할 수 있다.

예를 들어, 아침에 행복한 마음으로 하루를 시작하면 그날의 모든 선택과 행동이 달라진다. 행복한 마음으로 주고받는 작은 인사, 친절한 말 한마디가 쌓이고 쌓여 더 큰 변화를 일으킨다. 행복한 사람은 혼자가 아니다. 그가 뿜어내는 힘은 주변 사람들에게 퍼져, 그들의 마음과 행동에도 희망적인 씨앗을 심어 준다.

무엇보다도, 내가 행복해지는 일에 이런 거창한 이유까지 필요할까? 세상의 어떤 것보다 내 행복이 우선이다. 나를 불행하게 만드는 것들로부터 거리 두기를 시작하자.

02

누가 누가
잘났나?

"나는 왜 저 사람처럼 살지 못할까?"

이런 생각이 드는 순간, 이미 비교의 늪에 빠진 것이다. 우리는 살아가면서 자신도 모르게 타인과의 비교에 빠져들고, 그로 인해 스스로를 깎아내리곤 한다. 하지만 그 비교가 정말 공정한지 생각해 볼 필요가 있다. 우리는 남들이 보여 주는 가장 화려한 순간과 나 자신의 가장 어두운 면을 맞대어 보는 실수를 저지른다. 그럴 때마다 자존감은 무너지고, 비교는 불필요한 감정 소모로 이어질 뿐이다.

특히 오늘날의 세상에서는 이런 비교가 더욱 빈번하게 일어난다. 의도와 관계없이 각종 SNS 플랫폼을 통해 타인의 삶을 끊임없이 들여다보게 되기 때문이다. 친구의 멋진 휴가 사진, 동료의 더 비싼 아파트 구입, 누군가의 화려한 일상들은 끝없이 타임라인을 채운다. 그런 모습을 보며 나도 모르게 '나는 왜 이렇게 초라할까?', '내 삶은 왜 이렇게 뒤처진 것 같지?'라는 생각을 하게 된다. 그러나 우리가 놓치는 사실은, 우리가 보고 있는 타인의 삶이 완전하지 않다는 점이다. 사람은 누구나 자신이 보여 주고 싶은 순간만을 선택해 공유하고, 어두운 면은 감추는 것이 일반적이다. 나 역시도 그렇다.

우리는 종종 다른 사람들의 가장 행복한 순간을 보고, 그것과 우리의 가장 암울한 상태를 비교한다. 이 과정에서 우리는 타인의 삶을 이상적으로만 보게 되고, 자신은 그에 미치지 못하는 존재로 느끼기 쉽다. 이는 매우 불공정한 비교일 뿐만 아니라, 자기 자신에 대한 불필요한 열등감을 키우는 일이다.

심리학자 리언 페스팅어Leon Festinger가 제시한 '사회적 비교 이론'은 사람들이 자신의 가치를 평가할 때 주로 타인과의 비교를 통해 그 판단을 내린다고 설명한다. 그러나 이 비교는 항상 불리하게 작용한다. 우리는 자신이 약하다고 느끼는 부분만을 타인의 강점과 비교하기 때문이다. 이는 결국 자존감의 손상으로 이어지며, 무의미한 감정 소모를 일으킨다. 타인의 완벽한 순간을 바라보며 스스로 깎아내리는 행위는 우리의 정신적 건강에 결코 유익할 수 없다.

타인의 삶은 외견상 멋지고 행복해 보일지 모르지만, 그 이면에는 우리가 알지 못하는 고민과 불행이 있을 수 있다. 오래전 한 TV 프로에서 오랫동안 사람들에게 '행복하게 사는 법'을 강연하던 분이 세상을 등져 이슈가 되었다. 사람들은 '매일 행복한 모습만 보였고, 행복 바이러스를 전파하던 사람인데, 갑자기 왜?'라는 반응이 많았다. 어쩌면 그녀는 자신의 불행을 잊기 위해, 다른 사람들을 웃게 해 주고 싶었던 것은 아닐까? 글을 쓰는 직업을 가지고 있다 보니 보여지는 것 이면의 현상을 찾아보고 관찰하게 된다. 그렇게 알게 된 것은 보이는 것과 속마음이 다르다는 것이다. 대개 사람들은 깊은 우울과 상처받은 감정은 잘 꺼내지 않는다. 그것 자체로 괴로움이 되기도 하니까.

SNS에 비친 모습은 그들의 진짜 삶이 아닐 수 있다. 그 공간은 일종의 무대이며, 사람들은 그 위에서 자신이 원하는 모습만을 선택적으로 보여 준다. 일종의 연기라는 의미이다. 우리가 보고 있는 그들의 삶은 그들이 이상적으로 살고 싶어 하는 모습일지도 모른다. 그럼에도 불구하고 우리는 그들의 표면적인 모습만을 보고 내 삶을 그것과 비교하는 실수를 저지른다. 남들과의 비교는 자신의 고유한 가치를 제대로 보지 못하게 만든다.

비교의 늪에서 빠져나오기 위해서는 시선을 자신에게 돌려야 한다. 타인의 삶을 들여다보며 부러워하는 대신, 내가 가진 것들을 발견하는 것이 행복으로 가는 지름길이다.

행복은 비교에서 오는 것이 아니다. 행복은 내 삶 속에 있는 작은 즐거움, 작은 성공, 작은 목표들을 발견하고 그것을 소중히 여길 때 비로소 찾아온다. 남이 나보다 더 잘나 보일 때, 내가 남들보다 뒤처진 것 같을 때 우리는 불안해지기 마련이다. 그러나 중요한 것은 남보다 더 나은 삶을 사는 것이 아니라, 어제의 나보다 오늘의 내가 더 나아지기 위한 노력을 하는 것이다. 내가 가진 고유한 장점을 인식하고 그것을 더욱 발전시켜 나가는 것, 그것이야말로 비교의 늪에서 벗어나 자신을 진정으로 사랑할 수 있는 방법이다.

만약 우리가 너무 지치고 힘든 상태에 놓여 있다면, 나보다 더 어려운 상황에 있는 사람들을 돌아보는 것도 도움이 될 수 있다. 누군가의 불행을 위안 삼으라는 것이 아니다. 오히려 그들이 어려운 상황 속에서도 어떻게 그 고난을 이겨 내는지, 어떤 방식으로 삶을 살아가는지에 대한 배움을 얻어야 한다. 우리의 목표는 타인보다 더 나은 삶을 사는 것이 아니라, 나 자신을 더 나은 방향으로 발전시키는 것이다.

미국의 심리학자 브레네 브라운Brené Brown은 '비교는 기쁨을 빼앗는 도둑'이라고 말했다. 우리는 남들과의 비교에서 벗어나 자신만의 길을 걸어야 한다. 남과 다르다는 것은 결코 나쁜 것이 아니다. 내가 이룬 작은 성취와 내가 마주한 도전들에는 그만의 의미가 있다. 그 가치를 인정하고 스스로에게 고마워하는 마음을 가질 때, 우리는 비교의 늪에서 벗어나 진짜 나로 살게 된다.

03

통제할 수 없는 것과
거리 두기

삶은 예상치 못한 일들로 가득하다. 우리는 종종 통제할 수 있는 것과 통제할 수 없는 것들 사이에서 혼란을 느끼곤 한다. 하지만 많은 이들이 통제할 수 없는 일에 지나치게 에너지를 쏟으며, 정작 자신이 할 수 있는 것들은 간과할 때가 많다. 우리가 느끼는 불안과 스트레스는 대부분 이러한 상황에서 비롯된다. 삶의 방향을 바꾸는 힘은 내가 통제할 수 있는 것에 집중하는 태도에서 나온다. 그러나 우리는 자주 이 에너지를 거꾸로 사용한다. 통제할 수 없는 것에 매달리고, 그로 인해 통제할 수 있는 것들을 놓치게 된다. 결국, 우리의 삶에서 중요한 변화는 자신이 할 수 있는 것에 집중하는 데서 시작된다.

통제할 수 없는 것에서 벗어나야 한다

통제할 수 없는 상황에 집착하면, 결과는 거의 항상 좌절과 스트레스로 이어진다. 예를 들어, 중요한 발표를 앞두고 긴장을 느끼는 순간을 생각해 보자. 발표의 성공 여부는 여러 외부 요인에 달려 있을 수 있지만, 발표를 준비하고 연습하는 것은 내가 할 수 있는 일이다. 교통 체증에 갇혀 약속에 늦는 상황도 마찬가지다. 도로의 혼잡은 통제할 수 없지만, 그 상황에서 내가 어떻게 반응할지는 나에게 달려 있다. 이런 순간마다 '지금 내가 할 수 있는 것이 무엇인가?'라는 질문을 던지면, 통제할 수 없는 것에서 벗어나 나의 선택에 집중할 수 있다. 이 질문은 우리의 스트레스를 줄이고, 마음의 안정을 되찾는 데 큰 도움을 준다.

사람들은 결과에 지나치게 집착한다. 결과는 우리가 통제할 수 없는 영역이건만, 많은 이들이 그에 매달리며 불필요한 에너지를 소모한다. 그러나 우리가 온전히 집중할 수 있는 것은 준비의 과정이다. 결과는 외부 요인에 따라 달라질 수 있지만, 내가 과정에서 어떤 태도를 취할지는 전적으로 나의 몫이다. 내가 선택한 방향과 노력이 과정을 통해 더 나은 결과를 만들어 낸다.

통제할 수 있는 것에 집중해야 한다

책을 쓰면서 작가들이 흔하게 가지는 불안이 있다. 최선을 다해 글을 쓰면서도 더 좋은 글을 쓰고 싶다, 이번 책이 잘됐으면 좋겠다, 이런 생각에 사로잡히는 것이다. 자연스러운 일일 수 있겠으나, 집필하는 과정에서 이런 생각에 과도하게 노출되면, 글이 방향을 잃어버리는 경우가 있다. 글을 잘 썼음에도 강박으로 수정하고 또 수정하다가 외려 글이 못생겨진다. 평정심을 찾고 글을 돌아보면, 처음 글이 가장 좋은 글이라는 것을 알게 된다. 통제할 수 없는 것에 사로잡히면, 통제할 수 있는 것이 흔들리게 된다. 그렇기에, 작가는 내가 통제할 수 없는 부분에 에너지를 쏟지 말자고 다짐해야 한다. 작가는 자신의 영역인 글을 충실히 쓰고, 그 이후의 일은 독자들의 선택에 맡기면 된다. 이 사실을 받아들일 때, 마음의 부담이 한층 가벼워진다. 그리고 글이 더 단단해진다.

자신이 할 수 있는 것에 에너지를 쏟고, 통제할 수 없는 것을 내려놓는 순간, 우리는 더 단단한 내면을 가질 수 있다. 마치 작가가 독자의 반응을 통제할 수 없듯이, 타인의 영역은 타인의 영역으로 남겨 두자.

불안과 스트레스를 줄이는 방법

통제할 수 없는 것에 집착하지 않기 위해서는, 내가 통제할 수 있는 것과 없는 것을 구분하는 습관을 기르는 것이 필요하다. 예를 들어, 중요한 면접을 앞두고 걱정이 된다면, 면접관의 평가나 질문에 대한 결과에 집착하기보다는, 철저한 준비와 연습에 집중하는 것이 현명하다. 면접관의 반응은 내가 통제할 수 없지만, 면접 준비는 내가 통제할 수 있는 부분이다. 이러한 접근 방식은 불안을 줄이고, 내가 할 수 있는 최선의 선택을 하도록 이끈다.

대부분의 불안과 스트레스는 통제할 수 없는 것에서 기인한다. 그래서 우리는 스스로에게 '지금 상황에서 내가 할 수 있는 것은 무엇인가?'라는 질문을 해야 한다. 이 질문은 내가 통제할 수 있는 영역을 명확히 하며, 결과적으로 우리는 더 주체적이고 긍정적인 태도를 유지할 수 있다.

통제할 수 없는 상황을 받아들이는 태도

우리 삶의 많은 부분은 예측할 수 없는 변수로 가득 차 있다. 이것은 자연스러운 일로 받아들여야 한다. 우리는 미래에 대해 불안감을 자주 느끼지만, 미래는 우리가 어떻게 할 수 있는 문제가 아니다. 그러나 현재 내가 무엇을 하고 어떤 것을 선택하는지에 따라, 미래가 달라진다. 내가 할 수 있는 것은 오늘을 잘 사는 것까지다. 항해사가 바람의 방향을 통제할 수는 없지만, 돛을 어떻게 펼칠지는 그가 선택할 수 있는 것과 같다. 우리는 외부 요인에 휘둘리는 대신 스스로 통제할 수 있는 것을 선택해야 한다.

통제할 수 없는 것에 집착하면, 그 에너지는 나를 갉아먹고 내 정신을 소모시킨다. 반면, 내가 통제할 수 있는 일에만 집중할 때, 우리는 불확실한 삶 속에서도 단단한 태도를 유지할 수 있다.

오늘 내가 할 수 있는 일에 최선을 다하자. 그 선택이 우리를 강하게 만들고, 단단한 삶으로 이끌어 줄 것이다.

04

오는 사람,
가는 사람

오는 사람은 막지 않는다

세상에는 수많은 인연이 있다. 어떤 인연은 우연처럼 다가오고, 또 어떤 인연은 필연처럼 다가온다. 우리는 언제나 새로운 사람들을 만나고, 관계를 맺으며 살아가게 된다. 사람과 사람 사이에서 '오는 사람을 막지 않는다'라는 마음가짐은 관계를 더 넓고 깊게 만들어 준다.

새로운 사람을 맞이하는 일은 그 자체로 하나의 선택이다. 때로는 새로운 관계를 시작하는 것이 어색하고, 익숙한 상황이 편한 것 같기도 하다. 하지만 모든 사람은 각자의 이야기를 가지고 우리 곁에 온다. 한 사람을 새로 만난다는 건, 한 사람의 인생을 만난다는 이야기다. 그들의 이야기는 우리에게 새로운 시각을 열어 줄 수 있고, 때로는 우리가 미처 몰랐던 길을 보게 해줄 수도 있다. 반대로, 우리가 문을 닫고 사람을 막는다면 새로운 기회를 잃게 만들거나, 자신을 성장시킬 기회를 놓치게 된다.

　어떤 행운은 새로운 사람에 의해서 시작이 된다. 직장에서 만난 새로운 동료가 나에게 도움이 될 수도 있고, 가볍게 시작한 인연이 내 인생 최고의 친구가 될 수도 있다. 중요한 것은, 그들이 다가올 때 어떻게 그들을 맞이하는가이다. 편견이나 두려움 없이 그들이 누구인지, 그들의 이야기가 무엇인지를 들어주며 마음을 열고 맞이하는 태도가 필요하다.

　또한, 오는 사람을 막지 않는다는 것은 상대방을 있는 그대로 받아들이는 일과도 연결된다. 우리는 가끔 누군가의 외모, 말투, 직업, 또는 생각이 자신과 다르다는 이유로 그들을 배제하거나 거부하려는 경향이 있다. 하지만 그런 모습은 우리 안에 있는 편견이 작용한 결과일 뿐, 그 사람의 본질과는 무관한 경우가 많다. 오히려 나와 다른 점들이 우리에게 배울 기회를 주고, 관계 속에서 서로의 차이를 존중하며 성장할 수 있는 계기가 될 수 있다.

'오는 사람을 막지 않는다'라는 태도는 단지 사람을 받아들이는 것 이상의 의미가 있다. 인생에서 예측할 수 없는 흐름을 받아들이고, 변화와 기회를 마주할 준비가 되어 있다는 것을 뜻한다. 중요한 관계는 중요한 대로, 가벼운 관계는 가벼운 대로. 사람과의 관계는 우리 삶을 더 풍요롭게 하고, 때로는 생각지도 못한 기회를 가져다준다. 그렇기에 우리는 열린 마음으로 오는 사람들을 만나야 한다.

인생의 많은 것은 우리가 계획하지 않은 순간에 찾아온다. 사람 역시 그렇다. 예상하지 못한 인연이 우리 삶에 큰 변화를 가져다줄 수 있고, 그 변화를 받아들이는 것은 우리의 몫이다. 그러니 오는 사람을 막지 않고, 그들이 주는 이야기를 듣고, 그들의 존재를 존중하며 관계를 맺어 가는 것이 우리가 더 나은 삶을 살기 위한 시작이 될 것이다.

가는 사람은 붙잡지 않는다

오랫동안 함께한 친구가 멀어질 때, 소중했던 연인이 떠날 때, 혹은 가까운 동료가 회사를 떠날 때 우리는 그들과의 이별을 쉽게 받아들이기 어렵다. 누구나 이런 상황을 맞이하면 고민하게 된다. 다른 사람에게 조언할 때는 쉽게 말할 수 있지만, 막상 내 문제가 되면 어려워진다. 떠나는 사람을 붙잡아야 할까?

아니면 그저 놓아줘야 할까?

나는 여전히 이 문제의 답을 모른다. 그러나 결국 시간이 지나면 알게 되는 것들이 있다. 어떤 사람도, 어떤 인연도, 영원히 함께할 수 없다. 억지로 붙잡아 둔 인연은 오히려 아픔을 연장하는 일일 수도 있다. 사람마다 헤어짐을 준비하는 시간과 상처가 아무는 시간은 다를 수 있겠지만, 인생의 흐름 속에서 그런 헤어짐은 자연스러운 것이다.

가는 사람을 붙잡지 않는다는 것은 이별을 그저 방관하거나 무심하게 대하는 것이 아니다. 오히려 상대의 결정을 존중하고, 자신에게도 새로운 만남을 허락하는 성숙한 태도를 의미한다. 모든 관계는 시작과 끝이 있다. 끝나는 인연에 집착하지 않고 자연스럽게 떠나보낼 때, 우리는 자신에게 좋은 추억, 새로운 만남, 기회를 선사할 수 있다.

사람들은 종종 떠나는 사람을 붙잡으려고 애쓰면서 그 관계를 붙들고자 한다. 그동안 함께 쌓아 온 추억이 있기 때문에 그들이 떠나는 것이 두려운 것도 사실이다. 하지만 떠나는 사람을 억지로 붙잡는다고 해서 그 관계가 다시 예전처럼 돌아가는 경우는 드물다. 관계는 시간이 흐르며 변화하고, 그 과정에서 자연스럽게 멀어지는 것은 인생의 일부이다. 어쩌면 그들이 떠나야만 서로에게 더 나은 삶이 주어질지도 모른다. 그리고 만나야 할 사람은 언젠가 다시 돌아온다. 그것이 삶의 기본적인 원리다.

우리가 아무리 그들을 붙잡고 싶어도 그들의 마음이 이미 떠난 상태라면, 그 관계는 더 이상 같은 의미를 가질 수 없다. 억지로 관계를 유지하려 하면 오히려 자신이 더 상처받고 힘들어진다. 떠나는 사람의 선택을 자연스럽게 받아들이는 것이 결국 자신을 존중하는 일이기도 하다. 자연스럽게 멀어지는 사람도 마찬가지다. 그조차도 우리는 자연스럽게 받아들여야 한다. 떠나야 할 사람은 떠나보내고, 그 빈자리를 새로운 인연과 경험으로 채워 가는 것이 인생의 자연스러운 흐름이다.

내 곁의 좋은 사람에게 친절하자

우리는 참 다양한 사람, 많은 사람을 만나며 살아간다. 그중에서 '좋은 사람'이라 부를 수 있는 사람은 우리에게 더욱 특별한 존재다. 세상에는 좋은 사람이 많지만, 우리 인생에서 내 곁에 둘 만한 좋은 사람을 만나기란 쉬운 일이 아니다. 그들을 곁에 두면 인생의 길을 함께 걸어가며 힘이 되어 준다. 그렇기에 좋은 사람들에게는 더 잘해 주고, 그들을 소중히 여기는 태도가 필요하다. 있을 때 잘해야 한다.

좋은 사람에게 잘해야 하는 이유는 간단하다. 자신에게 긍정적인 에너지를 주고, 어려운 순간에도 지지해 주는 사람은 인생에서 매우 귀한 존재다. 이들이 마음의 울타리가 되어 주면, 우리는 삶을 좀 더 여유롭게, 자신감 있게 살아갈 수 있다. 그들이 주는 격려와 지지는 힘든 일을 견디게 하고, 삶의 방향을 잃지 않게 만든다.

간혹 익숙함이 쌓이면 그들의 친절과 배려를 당연하게 여기거나, 그들의 마음을 알아차리지 못할 때가 생긴다. 관계는 오래될수록 더 챙기고 신경을 써야 한다. 좋은 사람은 자신이 준만큼 돌려받기를 기대하지 않지만, 받은 입장에서는 그들의 고마움을 기억해야 한다. 관계는 일방적인 것이 아니다. 상대가 주는 따뜻함을 느낄 수 있다면, 우리는 그것을 더 잘 돌려주기 위해 노력해야 한다. 좋은 사람이 곁에 있다는 것은 내 삶이 더 행복하고 건강하다는 말이다. 그러니, 좋은 사람에겐 잘하자. 그들이 우리 곁에 오래 머물 수 있도록.

05

혼자 끙끙대지 말고

실수해도 괜찮다

우리는 누구나 실수를 한다. 하지만 실수를 대하는 태도는 조금씩 다르다. 어떻게든 해결하려는 모습은 비슷하지만, 혼자서 끙끙거리는 사람이 있고, 감추는 사람도 있고, 사람들에게 문제를 알려서 도움을 구하는 사람도 있다. 이중 문제를 오픈하는 사람만 해답을 찾을 수 있다. 혼자서 끙끙거리는 것과 감추는 것은 매한가지다. 사람들은 실수하면 마치 죄를 지은 것처럼 자신을 몰아붙이는 경우가 많다. 그러나 실수는 결코 부끄럽거나 숨겨야 할 일이 아니다. 실수를 잘 해결하면 오히려 많은 것을 배울 수 있고 크게 성장하는 계기가 된다. 중요한 것은 실수를 어떻게 받아들이고, 그로부터 무엇을 배우느냐이다.

실수는 누구나 할 수 있는 자연스러운 일이다. 세상에 완벽한 사람은 없다. 노력과 상관없이 일이 잘못될 때도 있고, 완벽하게 준비한 상황에서 예상치 못한 실수가 일어날 수도 있다. 하지만 중요한 것은 그 실수를 대하는 우리의 태도다. 실수를 했을 때, 그것을 어떻게 받아들이느냐가 삶의 방향을 바꾸는 중요한 열쇠다.

먼저, 실수를 했다고 해서 그 모든 짐을 혼자 짊어질 필요는 없다. 혼자 끙끙대지 말고, 자신의 실수를 주변 사람들과 나누는 것이 중요하다. 이미 벌어진 일은 벌어진 일일 뿐, 실수를 털어놓는 것은 부끄러운 일이 아니다. 오히려 그것은 성숙함의 표현이다. 친구나 동료들에게 솔직하게 '나 이런 실수를 했어'라고 말할 때, 대부분의 이들은 비난보다는 위로하고 해결책을 함께 고민해 줄 것이다. 때로는 이미 비슷한 경험을 했거나, 당신보다 더 나은 해결 방법을 제시하는 사람도 있을 것이다. 이와 반대로 실수를 비난하는 사람이 있기는 할 테지만, 그런 사람으로 인해 움츠러들 필요는 없다. 그런 사람은 그저 가까이하지 않으면 된다.

실수는 성장의 기회다. 모든 실수는 그 안에 배울 점을 품고 있다. 문제를 해결하는 과정에서 어떤 부분의 개선이 필요한지,

다음에 더 잘할 방법이 무엇인지 배울 수 있다. 오히려 완벽을 추구하다 보면, 행동의 제약을 받게 된다. 실수는 새로운 길을 열어 줄 기회라고 생각했으면 좋겠다. 실수를 받아들이고, 더 나아질 자신을 믿는 것이 중요하다. 주변에 도움을 구하는 것을 두려워하지 않기를.

어떤 일이든 해결 방법이 있다

도저히 해결할 수 없을 것 같은 문제를 마주할 때도 있다. 때로는 너무 복잡해 보이고, 어디서부터 시작해야 할지조차 막막하게 느껴질 수도 있다. 간혹 우리가 이미 벌어진 문제를 혼자 끙끙대며 안고 살아가는 것은, 해결책이 없다는 생각이 스스로를 고립시키는 것이다. 모든 일에는 해결 방법이 있다는 사실을 믿어야 한다. 문제를 마주할 때 해결의 길이 보이지 않는다고 해서 길이 존재하지 않는 것은 아니다. 해답을 아직 찾지 못했을 뿐.

혼자서 끙끙거리는 것이 좋지 않은 이유는 그동안 문제가 더 커지고 무거워지기 때문이다. 어려울수록 빨리 오픈해야 해결 가능성이 높아진다. 대개 해결이 미뤄진 문제나 감춰진 실수는 더 이상 해결하기 어려울 정도로 일을 키우기도 한다. 문제를 혼자 해결하려 끙끙대는 대신, 그 문제를 나누고 도움을 요청하는 것이 해결의 첫걸음이다. 혼자서 끙끙대지 말라는 것은 바로 이런 맥락에서 중요한 메시지다. 세상에는 우리가 도움을 받을 수 있는 사람들, 다양한 해결 방법이 존재한다. 문제를 공유해야 그 속에서 실마리를 찾을 수 있다.

어떤 문제든지 해결할 방법이 있다는 믿음을 가지면 두려움에 갇히지 않게 된다. 불안함과 무력감에서 벗어나야 문제를 직면할 수 있고 용기를 가질 수 있다. 직장에서 큰 실수를 저질렀다고 상상해 보자. 그 실수가 처음에는 치명적으로 보일 수 있다. 하지만 그 문제를 회사 동료나 상사와 상의하며 문제 해결 방안을 모색하다 보면, 생각보다 훨씬 더 빠르게 해결책이 발견될 수 있다. 중요한 것은 문제를 혼자서 짊어지지 않고, 열린 마음으로 해결 방법을 찾아가는 것이다.

실수를 많이 한 사람이 큰사람이 된다

인생에서 중요한 것은 얼마나 많은 실수를 했느냐가 아니라, 그 실수를 어떻게 해결했느냐이다. 문제를 해결한 경험이 많을수록 더 큰 사람이 된다는 말이 있듯이, 실수를 어떻게 극복하느냐에 따라 우리의 그릇이 커지고, 더 단단한 사람이 될 수 있다. 누구나 실수의 무게에 눌려 좌절하거나 도망치고 싶은 충동을 느낄 때가 있다. 그러나 문제에 맞서는 것은 우리를 성장시키는 가장 강력한 도구다. 실수를 대하는 과정에서 새로운 것을 배우고, 다양한 시각을 익히며, 무엇보다 문제 해결 능력을 키우게 된다. 이 경험들은 시간이 흐를수록 삶에 큰 자산이 된다.

결국, 실수를 해결한 경험이 많은 사람은 자신에게 닥치는 어떠한 어려움에도 침착하게 대처할 수 있다. 그들은 실수를 두려워하지 않고, 오히려 실수를 통해 배운 교훈들을 자신의 자산으로 삼는다. 이러한 사람들은 더 큰 책임을 맡을 수 있는 준비가 되어 있고, 더 넓은 시야로 세상을 바라보며 남을 도울 수 있는 여유도 생긴다. 그러니 더는 혼자 끙끙대는 실수를 하지 말자.

06

신경 끄기
'ON & OFF'

"모든 것에 신경을 쓰다 보면, 정작 중요한 것을 잃어버리게 된다"

이 말은 삶에 있어 깊은 교훈을 담고 있다. 우리는 매일 선택과 집중을 요구받지만, 너무 많은 것에 신경을 쓰다 보면 정작 중요한 것을 놓치기 쉽다. 그래서 필요한 것이 바로 '신경 끄기'다. 이는 무책임하거나 무관심한 태도가 아니라, 내 삶에서 무엇이 진정 중요한지를 분명히 알고 그에 집중하는 현명한 선택이다.

우리는 슈퍼맨처럼 모든 것을 완벽하게 해내야 한다는 압박 속에서 살아간다. 직장에서, 가정에서, 심지어 취미 활동까지도 최선을 다하라는 요구를 받는다. 그러나 이러한 완벽주의는 오히려 우리의 시간을 낭비하고, 불필요한 스트레스를 부추길 뿐이다. 삶의 에너지와 시간을 더 가치 있는 일에 투자하기 위해서는 '신경 끄기'라는 기술을 반드시 익혀야 한다. 중요한 것과 중요하지 않은 것을 명확히 구분하는 능력이야말로 삶을 주도적으로 이끌 수 있는 힘이다. 우리는 사소한 일들에 쉽게 휘말리곤 한다. 이렇게 휘둘리다 보면, 진정 중요한 것들 '우리의 목표와 소중한 관계'는 자연스레 뒷전으로 밀려나게 된다.

불필요한 감정에서 벗어나야 한다

일상에서 가장 흔하게 겪는 것 중 하나는 감정적인 반응이다. 예를 들어, 직장에서 동료가 나를 무시하는 말을 했다고 상상해 보자. 대부분의 사람들은 화를 내거나 화를 품고 그 감정을 쉽게 떨쳐 버리지 못한다. 하지만 그 순간, 자신에게 질문해야 한다. 정말 이 말이 나에게 중요한가? 동료의 말에 신경을 쏟아 에너지를 낭비하는 대신, 그 에너지를 더 생산적이고 유익한 일에 쏟는 것이 훨씬 더 현명하다. 신경 끄기의 핵심은 불필요한 감정에서 나를 해방시키는 데 있다. 사람들의 말과 행동에 과도하게 집착하지 않으면서, 해야 할 일에 더욱 집중할 수 있다. 에너지를 감정 소모가 아닌, 생산적인 방향으로 사용하는 것이 바로 신경 *끄*기의 시작이다.

우리가 붙잡고 있는 것 중에는 흘려보내야 할 일들이 너무 많다. 특히 인간관계에서 발생하는 작은 감정 충돌은 계속 붙들고 있기엔 지나치게 소모적이다. 나를 불쾌하게 만든 사람의 말을 자꾸 되새기기보다는, 더 큰 그림을 보고 그 순간을 흘려보내는 연습을 해야 한다. 불필요한 논쟁이나 감정적인 대응을 피하고, 때로는 대응조차 하지 않는 것이 현명한 선택일 수 있다. 이 과정에서 우리는 내면의 평온을 찾고, 더 명확하고 냉철한 판단력을 갖게 된다.

중요한 것에 집중해야 한다

신경 *끄*기를 잘하기 위해서는 무엇이 진정으로 중요한지를 명확히 인식하는 것이 필수적이다. 삶의 모든 순간이 중요하지는 않다. 때로는 사소한 다툼이나 문제를 흘려보내고, 진정으로 집중해야 할 것에 에너지를 쏟는 것이 필요하다. 예를 들어, 부부 사이에서 종종 일어나는 작은 말다툼을 생각해 보자. 아주 사소하고 일상적인 문제로 시작된 다툼이 감정싸움으로 번지는 경우가 있다. 그 순간 '이 문제가 정말 중요한 일인가?'라는 질문을 던진다면, 대부분 그 답은 '아니오'일 것이다. 중요한 것은 서로의 마음을 이해하고, 관계를 더욱 단단하게 유지하는 것이다.

신경 *끄기*는 이처럼 중요한 것과 그렇지 않은 것을 구분하고, 진정으로 의미 있는 것에 에너지를 쏟는 것이다. 그래서 우리는 스스로에게 자주 물어야 한다.

"나에게 진짜 중요한 것은 무엇인가?"
"무엇이 내 삶을 더 건강하게 만드는가?"

신경 *끄기*를 실천하는 것은 사소한 일들에 얽매이지 않고, 나에게 중요한 사람들과의 관계에 더 많은 시간을 할애하는 것을 의미한다. 더 나아가, 나를 성장시키는 데 필요한 목표와 가치에 집중하는 것이다. 타인의 말이나 사소한 충돌에 신경을 빼앗기기보다는, 내가 진정으로 소중히 여기는 것에 마음과 시간을 투자해야 한다.

완벽주의를 내려놓아야 한다

모든 일을 완벽하게 해내려는 집착은 결국 우리를 지치게 만든다. 이 부담은 나 자신에게도, 타인에게도 지나친 기대를 강요하게 되고, 그로 인한 실망과 좌절감은 더 깊어진다. 신경 *끄기*의 중요한 핵심 중 하나는 바로 이 완벽주의를 내려놓는 것이다. 많은 사람은 자신에게 지나치게 높은 기준을 세우고, 그 기준을 충족하지 못했을 때 깊은 좌절을 느낀다. 하지만 우리가 모든 것을 완벽하게 할 수 없다는 진실을 깨달아야 한다. 중요한 것은 모든 일을 완벽하게 처리하는 것이 아니라, 나에게 진정 의미 있는 일을 충분히 해내는 것이다.

완벽주의는 오히려 진정으로 중요한 것에 집중하지 못하게 방해한다. 나의 에너지를 불필요한 곳에 낭비하고, 지속적인 긴장과 스트레스를 만들어 낸다. 반면, '충분함'을 목표로 삼을 때 우리는 비로소 더 나은 삶의 균형을 찾을 수 있다.

직장에서 맡은 일을 완벽하게 해내려고 밤을 새우는 대신, 주어진 시간 내에 최선을 다하고 그 결과를 받아들이는 것이 훨씬 더 생산적이다. 내가 할 수 있는 최선의 노력을 다하고, 그 결과를 수용하는 태도는 신경 끄기의 본질을 이해하는 데 큰 도움이 된다. 나 자신에게 지나치게 많은 것을 요구하기보다는, 내가 가진 에너지를 진짜 중요한 것에 집중하는 것이 핵심이다.

내면의 평화를 위한 미니멀리즘

신경 끄기는 일종의 미니멀리즘이다. 물질적인 미니멀리즘이 불필요한 소유물을 줄이고 본질에 집중하는 것이라면, 신경 끄기는 감정과 시간, 에너지를 낭비하는 요소들을 내려놓고, 가치 있는 것에 집중하는 삶의 방식이다. 불필요한 감정, 불안, 사회적 기대, 타인의 평가에 휘둘리기보다는 내가 선택한 것들에 에너지를 집중하는 것이 신경 끄기의 본질이다. 이를 통해 우리는 내면의 평화를 얻고, 나 자신을 더 잘 이해하며 살아갈 수 있게 된다.

삶은 끝없는 선택의 연속이다. 그 순간마다 우리는 중요한 것과 그렇지 않은 것을 구분해야 한다. 모든 것에 신경을 쓰는 대신, 나에게 중요한 가치와 사람들에게 에너지를 집중할 때 우리의 삶은 훨씬 더 단단해지고 평온해질 수 있다. 신경 끄기의 기술은 단순히 불필요한 것들을 무시하는 것이 아니라, 내가 원하는 방향으로 삶을 이끄는 데 집중하는 방법이다. 결국, 나의 에너지를 가장 가치 있는 곳에 투자함으로써 우리는 내 삶을 더 주체적으로 살아갈 수 있다.

우리의 에너지는 유한하다. 오늘도 수많은 자극과 사건들 속에서 스스로에게 물어보자. '이것이 정말로 중요한가?' 이 질문에 대한 답을 통해, 우리는 더 단단한 삶을 향해 나아갈 수 있을 것이다.

07

시간의 힘

목표를 향해 달리고, 원하는 결과를 얻기 위해 온갖 노력을 기울이지만, 세상은 우리의 의지와는 전혀 다른 방향으로 흘러갈 때가 많다. 특히 인간관계가 그러하다. 노력으로 바꿀 수 있는 것들이 분명 존재하지만, 아무리 애써도 바뀌지 않는 현실과 마주할 때도 있다. 그럴 때 우리는 마음속에 커다란 좌절을 느끼게 된다. '더 열심히 해야 하나?', '어떻게든 극복해야 하나?', '내가 더 희생해야 하나?'라는 질문들에 사로잡히지만, 오히려 그럴수록 마음은 더 깊은 늪에 빠져들게 된다.

여기서 중요한 질문이 하나 있다. 정말 내가 노력한다고 모든 문제가 해결될 수 있을까? 어쩌면 우리는 '노력'이라는 단어에 지나치게 집착하고 있는지도 모른다. 노력으로는 해결되지 않는 문제들도 있다. 아무리 최선을 다해도 해결되지 않는 문제들, 오히려 더 얽히고 깊어지는 문제들 말이다.

살다 보면 시간만이 해결할 수 있는 문제들이 있다. 아무리 열정을 다해 해결하려 애써도, 오히려 더 깊은 절망에 빠지게 되는 상황을 겪기도 한다. 이런 문제들 앞에서는 차라리 시간을 핑계 삼아 잠시 물러나는 것도 현명한 선택이 될 수 있다. 시간이 지나면 자연스럽게 해결되는 일들이 분명 존재한다. 억지로 해결하려 할수록 더 큰 상처만 남기고 돌아서게 될 수 있기에, 때로는 시간을 기다리는 것이 우리에게 필요한 지혜다.

어떤 문제는 시간이 흘러야만 그 진실한 모습을 드러낸다. 시간은 문제를 해결하는 강력한 도구일 뿐 아니라, 우리가 성장할 수 있는 기회를 제공하기도 한다. 고통스러운 순간에 우리는 그 고통에서 벗어나기 위해 발버둥 치지만, 결국 시간이 지나면서 그 경험을 새로운 시각으로 바라보게 된다. 시간이 흐르며 우리는 성장하고, 성숙해지며, 더 나은 선택을 할 수 있는 힘을 얻게 되는 것이다.

"어떤 문제는 결국 시간이 해결해 주는구나"
"시간밖에 해결할 수 없는 문제도 있구나"

결국 중요한 것은 시간의 힘을 믿고 기다릴 줄 아는 태도다. 당장 눈앞의 문제를 해결하려고 조급해하기보다, 시간을 통해 더 나은 결과를 얻을 수 있음을 인식하는 것이 필요하다. 시간이 흘러야 해결될 문제들은 억지로 붙잡고 있지 말고, 그저 흘러가는 시간 속에 자신을 맡기는 것이 현명하다. 이는 무책임한 태도가 아니라, 오히려 자신을 위한 가장 현명한 선택이다.

시간이 필요한 문제 앞에서 우리는 때로 무력감을 느낄 수 있다. 하지만 그 무력감조차도 시간의 흐름 속에서 조금씩 사라질 것이다. 시간은 결국 우리에게 해답을 주기 마련이다. 그렇기에, 우리는 때로 시간을 핑계 삼아 물러서는 것이 나 자신을 위한 방법임을 기억해야 한다. 시간이 지나면서 상처는 아물고, 문제는 흐릿해지며, 우리는 더 단단해진 내면으로 다시 일어설 수 있게 될 것이다.

시간의 힘은 우리가 스스로 해결할 수 없는 문제들에 대해 가장 지혜로운 해답을 제시해 준다. 지금 당장은 그렇게 보이지 않더라도, 시간이 흐르며 차차 그 문제들은 다른 의미로 다가올 것이다. 그러니 시간의 힘을 믿고, 필요한 순간에 시간을 기다릴 줄 아는 여유를 가지자. 결국, 시간은 모든 것을 제자리로 돌려놓을 것이다.

"나만의 소신을 지키며 흔들림 없이 걸어갈 때,
우리는 어떤 상황에도 꺾이지 않는 삶을 산다."

PART
05
· · ·

삶을 단단하게

01

소신 있게 사는 것은
고단한 일이지만

"내가 팀장을 하고 싶어서 하는 줄 알아? 나도 회사에서 시켜서 어쩔 수 없이 하는 거야."

회사에서 이런 말을 하는 팀장을 본 적이 있을 것이다. 그 말을 듣는 팀원들의 마음속엔 어떤 생각이 떠오를까? 아마도 그 팀장을 더 이상 존경하지 않고, 그의 리더십에 대한 신뢰가 무너질 것이다. 그 팀장은 사실상 "나는 당신들의 팀장이 아니다"라고 선언한 것이나 마찬가지다. 그런데도 이런 팀장들이 그 자리를 포기하지 않는다는 것은 참으로 아이러니하다. 만약 어떤 작가가 '나는 이 책을 쓰고 싶어서 쓴 게 아니야. 출판사의 요청으로 어쩔 수 없이 쓴 거야'라고 말한다면, 그 작가의 책을 읽고 싶어 할 독자가 있을까? 글은 마음을 담아 써야 한다. 독자에게 진심을 전달하려는 노력이 없으면 그 글은 영혼없는 활자일 뿐이다.

삶을 주도하는 철학의 필요성

사람과 사람 사이에서 '나'로 살아가기 위해서는 나만의 철학이 반드시 필요하다. 철학은 단지 학문적인 개념이 아니라, 우리의 삶을 이끄는 원칙이자 지침이다. 부모가 자식을 키울 때, 직장에서 동료와 협력할 때, 친구와의 관계 속에서 서로의 기대를 맞출 때조차도 철학은 필요하다. 철학은 나를 중심에 두고, 자신의 행동을 설명해 줄 기준이 되며, 관계 속에서 흔들리지 않도록 돕는다. 이 철학이 없다면 타인의 기대와 요구에 끌려다니며 결국 자신을 잃게 될 것이다.

철학은 우리에게 '내가 어떤 사람인지', '어떤 가치를 추구하는지'를 명확하게 알려 주는 역할을 한다. 나만의 철학이 없으면 타인의 가치관이나 사회의 유행에 쉽게 흔들리고, 순간적인 감정에 좌우되기 쉽다. 사람들은 대개 외부에서 받는 압박에 대해 방어적인 태도를 취하게 되는데, 그때 철학이 없다면 자신을 보호할 방패가 없는 것이다. 결국, 나의 철학은 타인과 소통하고, 그 속에서 나를 지키는 힘이 된다.

철학이 있다는 것은 내가 어떤 상황에서도 자신의 신념에 따라 행동할 수 있음을 의미한다. 하지만 철학을 지키며 사는 것은 쉬운 일이 아니다. 타협이 필요할 때가 많고, 주변의 기대와 충돌할 때도 많다. 그럼에도 불구하고 철학은 내가 누구인지를 증명하는 강력한 도구다. 철학이 있는 사람은 타인의 시선이나 비난에도 흔들리지 않는다. 소신을 지키며 사는 것은 때로는 외롭고 고단할 수 있지만, 그 고단함 속에서 우리는 더 강해진다.

철학이 없는 삶의 위험성

철학 없이 사는 사람들은 그때그때의 상황에 따라 결정하고, 그 결정에 대한 책임감을 느끼지 않는다. '내가 왜 이 선택을 했는가?'라는 질문에 답하지 못하는 사람들은 외부의 환경에 의해 휘둘리고 만다. 그 결과로 그들의 행동과 삶은 일관성을 잃게 되고, 타인에게 신뢰를 얻기도 어렵다. 철학 없이 사는 삶은 타인의 요구와 기대에 따라 흔들리기 때문에 주체적으로 살아가는 것 또한 어렵다.

리더의 위치에 있는 사람들은 특히 철학을 가져야 한다. 팀장이 책임을 회피하면서 '나는 이 일을 하고 싶어서 하는 게 아니다'라는 말을 할 때, 그 팀원들은 더 이상 리더를 신뢰할 수 없다. 리더가 가진 철학은 그 사람의 가치관과 책임감을 보여주는 것이다. 소신 없는 리더는 결국 팀을 이끌어 가는 데 실패할 것이고, 그의 위치는 보여지는 타이틀에 불과할 것이다. 그가 팀장으로서 어떤 가치관을 가지고 있는지, 그 자리에 대한 철학이 없다면 그의 리더십은 결국 무너지고 만다.

철학이 없는 리더는 외부의 압박에 의해 쉽게 흔들리고, 타인의 요구에 끌려다닌다. 그렇기에 리더는 자신만의 철학을 통해 그 자리를 지켜 내고, 자신을 중심에 두고 팀을 이끌어야 한다. 철학은 단순히 지식을 쌓는 것이 아니라, 그 지식을 바탕으로 행동할 수 있는 용기와 신념을 만드는 것이다.

삶의 주체로서 소신 있는 선택

철학이란 나를 중심에 두고 타인과 사회 속에서 어떻게 살아갈 것인지에 대한 나만의 기준을 말한다. 이는 단순히 특정한 이념이나 생각에 그치지 않고, 삶의 모든 선택과 행동에 반영된다. '내가 왜 이 일을 하고 있는가?', '왜 이 관계를 유지하고 있는가?'라는 질문에 대한 답을 찾지 못한다면, 우리는 결국 타인에 의해 결정된 삶을 살게 된다. 자신만의 철학을 세운 사람은 모든 선택의 순간에서 그 철학을 바탕으로 결정을 내리며, 그 결정이 자신의 가치를 반영하게 된다. 철학이 없다면, 결국 타인의 요구에 부응하기 위한 선택을 할 수밖에 없다.

철학 없는 삶은 타인의 판단에 의존하며, 그 결과 자신을 잃고 만다. 반면에 철학이 있는 사람은 외부의 평가나 분위기에 흔들리지 않는다. 그들은 자기 신념에 따라 행동하고, 그 신념이 그들의 삶을 주도한다. 그래서 소신 있게 살아가는 사람들은 타인에게 신뢰를 얻고, 존중받을 수 있다. 말과 행동에 철학이 담겨 있기 때문이다.

소신 있게 사는 것의 진정한 의미

소신을 가지고 산다는 것은 끊임없이 자신에게 질문을 던지고, 그 질문에 대한 답을 찾아가는 과정이다. 때로는 타협할 수도 있고, 때로는 포기해야 할 것도 있다. 하지만 그 속에서 자신을 잃지 않는 것이 소신의 힘이다. 소신 있게 산다는 것은 단순히 고집스럽게 자신만의 길을 걷는 것이 아니다. 오히려 소신을 통해 우리는 더 넓은 시야로 세상을 바라볼 수 있고, 그 안에서 자신이 무엇을 원하는지 명확히 알 수 있게 된다. 소신 있게 사는 것은 때때로 고단하다. 그러나 그 고단함 속에서 우리는 더 깊은 성찰을 하게 되고, 그 과정에서 성장한다.

"나는 이 일을 왜 하는가?"

"내가 이 관계를 유지하는 이유는 무엇인가?"
"이 일이 나에게 주는 유익은 무엇인가?"

삶을 주체적으로 살아가기 위해서는 이 세 가지 질문이 필요하다. 이 질문에 대한 답을 찾을 때, 우리는 비로소 진정으로 자신의 삶을 살 수 있게 된다.

급한 일과
중요한 일

"급한 일이 더 중요할까, 아니면 중요한 일이 더 급할까?"

우리는 매일 이 질문과 맞닥뜨리며 살아간다. 급한 일이 눈앞에서 우리를 재촉하는 순간, 정작 중요한 일은 자주 '나중에 하자'며 미뤄진다. 이럴 때 우리는 무엇에 더 집중해야 할지 혼란스럽다. 급한 일은 마감이 임박한 업무, 쏟아지는 이메일, 갑작스러운 요청처럼 즉각적인 대응을 요구하지만, 중요한 일은 삶의 기반을 다지고 미래를 위해 선택해야 하는 것들이다. 중요한 일의 중요성을 알면서도, 급한 일의 긴박함에 밀려 우선순위에서 밀려나곤 한다.

"살아 보니까 급한 일 중에 중요한 일은 없고, 중요한 일 중에는 급한 일이 없더라. 그런데, 나이가 들어 이 사실을 깨닫고 보니 나는 급한 일을 중요한 일처럼 생각하며 살아왔더라. 결국 내가 급한 일에 몰두하느라 중요한 일을 많이 놓쳤다는 얘기야. 너는 급한 일 때문에 중요한 일을 놓치지 않기를 바란다"

어느 선배가 청년 시절의 나에게 해 줬던 말이다. 시간이 흘러 이제는 내가 그 선배의 나이가 되었고, 그 말의 의미에 깊이 공감하게 되었다.

급한 일에 휘둘리는 이유

많은 사람들이 급한 일에 집중하는 이유는 시간 감각의 왜곡 때문이다. 심리학자 할 허쉘필드Hal Hershfield 의 연구에 따르면, 사람들은 현재의 자신과 미래의 자신을 마치 다른 사람처럼 인식한다. 그래서 미래의 중요한 일들이 멀게 느껴지고, 당장 눈앞에 있는 일이 더 시급하게 느껴지는 것이다. 이는 마치 미래의 내가 해야 할 중요한 일이 지금의 나에게는 먼 나라 이야기처럼 여겨지는 착각을 불러일으킨다.

또한, 시간적 거리감Temporal Distance 이론에 따르면 사람들은 가까운 미래의 일에 더 큰 비중을 두고, 먼 미래의 일은 당장 중요하지 않은 것으로 간주한다. 이로 인해 긴박하지 않다고 느껴지는 중요한 일들은 자연스럽게 우선순위에서 밀려나고, 결국 더 큰 부담이 되어 돌아오곤 한다.

급한 일에 쫓기면 중요한 일을 놓친다

급한 일에 몰두하다 중요한 것을 놓치는 일은 개인의 삶뿐 아니라 직장에서도 흔히 일어난다. 내가 아는 한 회사의 팀장은 매일 산더미 같은 업무와 보고서에 파묻혀 살았다. 그는 스스로를 돌볼 여유도 없이 회사 일에만 집중했다. 모든 일이 너무 중요하다고 생각해 팀원에게 맡기지도 못하고, 모든 것을 혼자 감당하려 했다. 그 결과, 팀원들과의 소통에 소홀해졌고, 팀 내에 쌓인 오해와 불만은 점점 커졌다. 그가 미뤘던 작은 문제들이 쌓여 결국 회사에서는 그에게 명예퇴직을 권유하였고, 일에만 몰두한 탓에 가정에서도 불화가 생겼다. 뒤늦게 문제를 해결하려 했지만 이미 상황은 되돌리기 어려웠다. 그는 급한 일에 몰두하는 것이 회사를 위해서, 가정을 위해서라고 생각했지만, 결국 그 어디에서도 자신의 자리를 지키지 못했다. 중요한 일들을 소홀히 한 결과, 이러한 문제들이 생긴 것이다. 이런 일이 과연 특수한 경우로 치부될 수 있을까?

중요한 일을 미루면 발생하는 더 큰 문제들

중요한 일을 계속 미루면, 언젠가는 더 큰 대가를 치러야 한다. 예를 들어, 건강 관리를 소홀히 한 사람들은 시간이 지나고 나서야 그 결과가 얼마나 치명적일 수 있는지 깨닫게 된다. 나역시 그랬다. 글을 쓰고 또 다른 일에 몰두하느라 건강 관리를 미뤘고, 결국 급성 심근 경색으로 쓰러져 병원에 실려 간 경험이 있다. 다행히 살아남았지만, 병원에서는 나 같은 상태는 대개 치명적이라며, 의식이 있는 채로 온 것 자체가 기적이라고 했다. 내가 그 지경에 이른 이유는 급한 일에 쫓겨 6년간의 건강검진을 미루고, 바쁘다는 이유로 여러 전조 증상들을 무시했기 때문이다. 병원에서는 '기적'이라고 했지만, 사실 중요한 일을 제때 챙겼다면 애초에 피할 수 있었을 일이었다.

사람 사이의 관계도 마찬가지다. 오랫동안 피한 갈등이나 대화는 시간이 지날수록 더 큰 문제로 번진다. 중요한 대화를 미루고 감정을 억누르다 보면, 결국 그 문제는 나중에 해결하기 어려울 정도로 커져 버린다. 그러나 이런 문제들 대부분은 제때 챙기면 큰 문제로 커지지 않는다. 중요한 일들은 종종 우리의 삶에서 뒷전으로 밀리지만, 그 대가는 시간이 지난 후에야 분명히 느껴진다.

중요한 일에 대한 꾸준한 투자

중요한 일을 미리 처리하고 꾸준히 시간을 투자하면 어떤 변화가 생길까? 중요한 일에 지속적으로 시간을 투자하면 그 효과는 점차적으로 누적된다. 심리학에서는 이것을 복리 효과라고 한다. 매일 조금씩 책을 읽는 습관은 결국 깊은 지식으로 이어지고, 매일 조금씩 운동을 하는 사람은 건강한 몸을 갖게 된다. 중요한 일에 시간을 쏟는 사람들은 장기적으로 그 성과가 쌓여 확실한 결과를 거두게 된다.

프리츠 헤이더의 '균형 이론'에 따르면, 장기적인 성공은 꾸준한 투자를 통해 이루어진다. 단기적인 보상에 집착하기보다는, 중요한 일에 지속적으로 시간을 투자하는 사람들이 더 만족스러운 삶을 살아간다. 급한 일에만 몰두하면 순간적인 성취감은 얻을 수 있지만, 결국 진정으로 중요한 일들을 놓치게 된다. 중요한 일은 작은 성취가 차곡차곡 쌓여 큰 성과로 이어지기 마련이다. 갑작스레 얻은 성과는 다시 새로운 성과를 위해 끊임없이 노력해야 하지만, 오랜 시간 쌓여 온 성과는 그 가치를 오래도록 누릴 수 있다. 이 차이는 결코 작지 않다.

더 나은 삶을 위한 선택

그렇다면 우리는 어떻게 해야 할까? 급한 일을 처리하면서도 중요한 일을 놓치지 않으려면 우선순위를 명확히 해야 한다. 급한 일에 쫓기더라도 중요한 일에 조금이라도 시간을 투자하는 태도가 필요하다. 급한 일은 언제나 우리를 재촉하지만, 진정 중요한 일들이야말로 우리의 인생을 지탱하는 일들이다. 오늘 하루, 급한 일에 몰두하더라도 중요한 일에 어느 정도 시간을 투자해 보자. 그것이 우리의 미래를 바꾸고, 더 나은 삶으로 이어질 것이다.

많은 이들이 급한 일에 쫓겨 중요한 일을 할 시간이 없다고 말한다. 그러나 정작 시간이 났을 때는 그간 쌓인 피로로 중요한 일을 미루게 된다. 세상에 공짜는 없다. 시간과 노력을 투자한 만큼만 얻을 수 있다. 중요한 일들은 더 많은 시간과 노력을 필요로 하지만, 그 보상은 순간적인 성취감과는 비교할 수 없을 만큼 크다. 오늘 하루, 급한 일에만 휩쓸리지 말고, 중요한 일에 더 집중해 보자. 그것이 우리의 미래를 바꾸는 가장 중요한 선택이다.

03

직장 생활도
사업이다

대개 사람들은 직장 생활을 '남의 일'처럼 취급한다. 삶의 질을 바꾸거나 방향을 바꿀 만큼 중요한 일인데, 이렇게 가볍게 취급하는 경우를 자주 본다. 그러나 이렇게 가볍게 취급할 문제가 아니다. 물론 내 사업이 아니니까 남의 일이 맞다고도 볼 수 있다. 이 말은 나는 직장인이므로 회사에서 받은 만큼 일하고, 딱 거기까지만 하면 된다는 전제를 깔고 있다. '내 사업이 아닌데 왜 열심히 해야 하지?'라는 생각의 틀에 갇히면 직장인의 굴레에서 벗어날 수 없게 된다. 이 생각의 프레임을 깨는 사람은 성장하고, 깨지 못하는 사람은 회사에서 연차를 더해 갈수록 나락으로 향한다. 남의 일을 하는 사람이 가진 성장 동력의 한계 때문이다.

우리는 이미 하나의 회사다. 내가 브랜드가 되어야 한다거나 이런 거창한 말을 가져다 붙이지 않아도, 이미 우리는 하나의 객체로서 평가받고 있지 않은가? 궁극적으로는 직장 생활도 내가 가진 능력을 팔아서 돈 버는 일이다. 능력이 탁월하면 더 좋은 회사를 갈 것이고, 그렇지 않으면 처지에 맞는 곳으로 가게 될 것이다. 더 좋은 회사, 연봉이 더 높은 회사를 갈 수 있는데, 굳이 모든 것이 별로인 회사로 가는 사람이 있을까? 회사가 내 것이 아니라고는 할지라도, 결국 일의 성과와 가치는 자신의 것이다. 회사에서 자신의 가치를 만들면 그것이 쌓여 자산이 되고, 가치를 쌓지 못하면 부도를 맞을 수 있다. 곧 직장인이 회사에서 보내는 시간은 내 사업인 셈이다. 사업을 잘하면 나를 원하는 곳이 많아지고, 못하면 갈 곳이 없어진다. 이건 자본주의의 기본적인 원리다. 회사에서도 마찬가지 아닌가? 내가 사업을 잘하고 있다면 나를 원하는 부서가 많아질 것이고, 나를 거부하는 곳이 많으면 내 사업에 문제가 있는 것이다.

기업에 강의를 다니다 보면 아이러니한 지점이 있다. 회사는 직원들이 '주인 의식'을 가지지 않아 문제가 있다고 생각한다. 반대로 직원들은 내가 주인이 아닌데, 주인 의식을 가질 수 있겠는지를 반문한다. 참 애매한 지점이다. 가끔 CEO 강의를 가게 되면 직원들에게 주인 의식을 바라지 말고 비즈니스 정신을 가지게 만들라고 말한다. 그리고 그들이 왜 주인 의식을 가질 수 없는지를 알려 준다. 반대로 직원들 교육을 가면 주인 의식을 버리고 자신이 하는 일의 사업가가 되라고 말해 준다. 이 말의 의미는 주인 의식 이면에 깔린 '처럼'을 벗어나라는 말이다. 사장은 주인 의식을 가지지 않는 직원을 탓할 필요가 없고, 직원은 주인 의식을 가지라고 하는 사장을 탓할 필요가 없다. 그저 각자 사업가의 입장에서 가장 이익이 되는 일을 하면 된다. 우리는 이런 계산에 좀 더 솔직해질 필요가 있다.

만약 지금 다니는 회사가 마음에 들지 않는다면 어떻게 해야 할까? 내 가치를 제대로 인정하지 않고, 하는 일에 보상도 부족하다면 어떻게 해야 할까? 이런 상황에서 사업가들은 정확한 계산을 한다. 제품을 더 좋은 가격에 팔 수 있는 곳이 있다면, 거래처를 옮긴다. 반대로 더 싸게 살 수 있는 곳이 있어도 거래처를 옮긴다. 그러나 바꿀 수 없다면, 거래업체와 파트너십을 강화한다. 직장인도 이런 개념에서 생각을 해 볼 필요가 있지 않을까? 직장인의 거래처는 자신이 다니는 회사다. 이 회사가 문제가 있다고 판단이 되면, 연봉도 복지도 더 좋은 곳으로 옮기면 된다. 자신에게 충분한 실력이 있다면, 가치를 인정해 주는 곳으로 떠나야 한다. 그것이 현명한 선택일 것이다.

하지만 더 좋은 곳으로 옮길 능력이 안 된다면, 지금 있는 곳
에서 자신의 가치를 올려야 한다. 그래야 그곳을 벗어나 내 가
치를 올릴 수 있는 곳으로 갈 수 있게 된다. 그렇게 하지 않으
면, 동료들과 매일 회사 험담을 하면서 직장을 다니는 모순적인
행동을 하게 된다. 자신에게 바람직한 일이 아니다. 현재의 직
장이 좋은 환경이 아닐 수도 있다. 그러나 그것이 업무를 열심
히 하지 않아도 되는 이유가 되지는 않는다. 일단은 자신이 속
한 곳에서 최선을 다해 밥값을 해야 한다. 그 최선이 쌓여 가치
가 되도록. 열심히 하는 것과는 조금 다른 이야기다. 그저 자신
의 가치를 올리기 위해서 무언가를 쌓아야 한다는 말이다. 그래
야 자신의 가치를 인정받으면서 별로인 그곳을 떠날 수 있다.
그렇지 않으면, 자신의 인생도 발전이 없고 내 삶은 그 험담 속
에 빠지게 된다.

직장인이 직장에서의 일을 내 사업으로 삼아야 이유는 분명
하다. 그래야 재미를 찾고, 자신을 성장시킬 이유를 만들어 낼
수 있다. 돈 한 푼 투자하지 않은 내 사업, 매력적이지 않은가?
자영업자가 월급쟁이처럼 돈을 벌기 위해서는 밤낮없이 일해
야 하고, 휴일도 챙기지 못한다. 이렇게 비약해서 회사에 충성

을 다하라는 말이 아니다. 그저 자신을 위해 무엇을 해야 하고, 무엇을 하지 않아야 하는지 살펴보길 바라는 마음이다. 직장에 있을 때 자신의 가치를 최대한 끌어올려야 하고 몸값을 높여야 한다. 내 몸값을 평가하는 것은 오직 고객이다. 나를 찾는 고객이 많으면 사업을 잘하고 있는 것이고, 고객이 없으면 무언가를 더 열심히 쌓아야 한다는 신호다. 자신에게 객관적이 될수록 인생에 실수가 적다.

회사는 성과와 가치를 바탕으로 한 직원의 능력에 합당한 보상을 해야 한다. 내가 내 사업의 CEO로서 더 높은 가치를 얻고 싶다면, 내 고객에게 최고의 서비스를 제공하고, 그 고객이 나를 다시 찾게 만들어야 한다. 회사는 내 가치를 확인할 수 있는 테스트베드testbed다. 이곳에서 나의 실력을 증명하고, 성장의 발판으로 삼아야 한다.

회사에서 한 일로 만든 성과를 회사의 것으로 귀속시키는 사람이 있고, 자신의 자산으로 만드는 사람이 있다. 이 두 가지의 차이는 회사에서 시키는 것을 한 것인가, 내가 사업가로 참여해서 회사의 성장을 만든 것인가 하는 차이다. 비슷하지만 전혀 다르다. 이것의 차이는 회사를 이직할 때 정확하게 확인할 수 있다. 직장에서 얻은 경험과 성과는 모두 나의 이력에 기록

되고, 그 경험은 브랜드 가치로 이어진다. 내가 한 일들은 내 실력을 입증하는 증거이자, 나의 사업적 역량을 나타내는 중요한 자산이다. 이 자산이 쌓여 나의 몸값을 높여 주고, 더 많은 기회를 만들어 준다.

직장에서 주인 의식을 가질 필요도 없고, 주인처럼 할 필요도 없다. 그저 자신을 위해 자신의 사업을 하면 된다. 계산기 두드려 가면서. 이왕이면 남는 장사를 하는 것이 좋지 않을까?

04

끌어내리지 말고,
끌어올려라

내 경쟁자를 끌어내리지 마라

사람은 본능적으로 타인과 자신을 비교하게 된다. 특히 나와 비슷한 친구나 동료가 나보다 더 잘나가는 모습을 보면, 마음 한구석에 불편함이 스며들곤 한다. 사람이 나빠서가 아니라 인간의 본능이 그렇게 느껴지도록 설계되었기 때문이다. 그러나 '내가 더 나은 것 같은데, 내가 왜 저 사람한테 밀려야 하지?', 이런 생각을 하는 순간, 성장은 가로막힌다. 결국 내 생각이 내 한계를 설정해 버리는 것이다. 그들에게 느껴야 하는 것은 질투가 아니라 배움이다. 만약 그 사람이 실패해서 다행이라는 생각이 든다면, 그것이야말로 우리 인생을 슬프게 만든다. 내가 가장 빨리 잘 되는 방법, 가장 빨리 성공하는 방법은 내 주변에 잘되는 사람이 많아야 한다는 것이다. 이보다 우리에게 이익이 되는 일이 있을까?

사람들은 종종 가까운 사람의 성공을 내 실패처럼 받아들인다. 내 친구가 나보다 더 좋은 아파트를 산다거나, 동기가 나보다 승진이 빠르다거나, 친구가 나보다 연봉이 더 많은 것이나, 이런 것들은 내 실패가 아니다. 인간의 본능이 마음에 침착되어 느끼는 오류다. 그건 그들이 잘 되는 것이고, 나 역시 그 방향으로 나아가면 된다. 이런 건 축하해 줄 일이지 배 아파할 일이 아니다. 이런 마음을 넘어서면, 내 주변에 잘 된 사람들에게 배울 수 있고 힌트를 얻을 수 있다.

조금만 생각해 보면, 내 주변에 나보다 더 잘되는 친구가 있다는 것은 얼마나 든든한 일인가? 그들은 내게 영감을 주고, 마음만 먹으면 언제든지 그들에게 가서 배울 수 있는 기회가 생긴다. 가까운 친구의 성공을 질투하거나 끌어내리기보다는, 그들의 성공을 인정하고 함께 성장할 수 있는 기회로 삼는 것이 훨씬 더 현명한 선택일 것이다.

내 친구가 나보다 앞서 나간다는 건 나 역시 그 길을 찾아갈 수 있다는 신호다. 오히려 그들의 경험을 바탕으로 더 빠르게 성장하는 길을 찾을 수도 있다. 나를 높이기 위해서 마음속에서 그들을 끌어내리는 대신, 함께 끌어올리는 태도를 취할 때 우리는 더 큰 성장을 경험할 수 있다. 그러니 나를 높이기 위해 다른 사람을 끌어내리지 말자. 그것은 결국 나의 성장을 가로막는 장애물이 될 뿐이다. 그들이 더 잘되는 모습을 보며 함께 기뻐하고, 그로부터 배울 수 있는 것을 배우자. 서로를 끌어올릴 때 우리는 더 큰 성공을 함께 이룰 수 있다.

나보다 못하는 것 같은데

글을 쓰던 초기 시절, 함께 만나 서로의 성장을 꾀하던 작가 모임이 있었다. 이때 서로의 글을 보며 의견을 나누고, 조언을 해 주며 발전하려고 노력했다. 이즈음 우리가 알던 K 작가의 책이 10만 부를 넘어 20만 부 이상 팔리면서 부러움의 대상이 되었다. 얼마 전까지만 해도 내 책의 판매량과 비슷했기에 더 부럽기도 했고, 배도 아팠다. 주변에서는 K 작가의 글보다 내 글이 더 좋다고 이야기하는 통에, 나 역시 '세상의 모든 것은 운이다'라는 생각에 빠졌다. 그러다 꽤 알려진 선배 작가가 업계 사람들과 나누는 이야기를 듣게 되었다. '저 친구 책이 왜 잘됐는지 이유를 모르겠다'라는 요지의 말이었다. 그때 나는 뒤통수를 맞은 것 같았다. 시기와 질투가 내 눈을 흐리게 만들고 있다는 생각이 번쩍 들었다. 내가 생각과 행동을 바꾼 건 이때부터

였다.

그날 나는 K 작가의 책을 모두 사서 읽었다. 나보다 못났다고 생각하던 글들에서 얼마나 괜찮은 글들을 많이 보았는지 모른다. 철저하게 반성했고, 타인의 글에서 많은 것들을 배운다. 물론 어느 분야든 '운'이 많이 필요하다. 책도 다르지 않다. 오히려 책은 다른 업종에 비해 더 그럴 수도 있다. 그러나 나는 그 행운이 그냥 생기지 않는다고 생각한다. 비슷비슷한 것 중 행운이 찾아가는 것은 분명 어떤 이유가 있다. 생각을 바꾸기 전까지는 다른 사람의 글을 평가했다면, 지금은 평가가 아니라 그 책의 장점을 찾는다. 그것이 나를 배우게 하고 성장시킨다. 글이 많이 팔린다고 좋은 작가라 할 수 없고, 덜 팔린다고 나쁜 작가라 할 수 없다. 그러나 많이 팔리는 책은 이유가 있고, 분명 배울 점이 있다. 나보다 덜 팔리는 책이라도 배울 점이 무수히 많을 수 있다.

타인의 모습을 보면서 자신을 끌어올려라

사람들은 많은 사람들과 경쟁하고, 때로는 그들과 비교하면서 자신을 돌아보게 된다. 앞서 말했듯이, 누군가가 나보다 앞서 나가는 모습을 볼 때 느끼는 불편함은 자연스러운 감정이다. 하지만 그 감정에 휘말려 상대를 끌어내려 나를 성장시키고자 한다면, 그것은 결국 자신의 성장을 막는 가장 큰 장애물이 된다. 내가 제대로 성장하기 위해 필요한 것은, 그들을 통해 나를 투영하고, 나를 끌어올리는 일이다.

단지 누군가의 성공을 축하하는 데 그쳐서는 곤란하다. 그것은 그저 감정적 반응일 뿐이다. 진정한 성장의 길은 그들의 성공에서 배울 수 있는 것을 배우고, 그것을 내 삶에 적용해 보는 것이다. 그들이 무엇을 어떻게 했는지 관찰하고, 그 과정에서 자신에게 필요한 교훈을 얻는 것이야말로 나를 끌어올리는 가장 확실한 방법이다. 그리고 그 배움을 통해 나 자신이 성장했을 때, 나도 또 다른 누군가를 끌어올릴 수 있어야 한다. 경쟁자를 한 명 더 만드는 것이 아니라 나를 더 큰 사람으로 성장시키는 일이다.

누군가의 성공은 혼자만의 것이 아니다. 그 성공은 다른 사람들에게도 영향을 미치는 기회가 된다. 내가 누군가에게서 배웠듯, 나 또한 누군가를 도와 그들이 더 잘될 수 있도록 손을 내밀어야 한다. 그렇게 서로가 서로를 끌어올릴 때, 우리는 단지 개인의 성장을 넘어서 더 큰 의미의 성장을 이뤄 낼 수 있다.

결국, 성장은 혼자가 아닌 함께 이루는 것이다. 경쟁자를 끌어내리는 것은 나를 일시적으로 편안하게 만들 수 있을지 몰라도, 진정한 성공을 이루는 길은 아니다. 나를 끌어올리는 데 필요한 것은 그들로부터 배우고, 배운 것을 내 것으로 만들어 스스로를 발전시키는 것이다. 그리고 나아가, 나 또한 다른 사람을 끌어올리며 함께 성장해 가는 것. 이것이야말로 한 단계 더 나아가는 진정한 성장의 길이 아닐까?

그러니 이제 상대를 끌어내리지 말고, 자신을 끌어올려서 성장하자. 주변의 성공을 나의 성찰과 배움의 기회로 삼고, 나 자신을 더 높은 곳으로 이끌자. 그리고 그 과정을 통해 또 다른 누군가를 끌어올리며, 함께 성장하는 사람이 되어야 한다. 그것이 나와 우리가 더 크게 성장하는 유일한 길이다.

05

위기에 대하여

"위기는 예고 없이 찾아온다. 그리고 우리는 그 위기를 어떻게 마주하느냐에 따라 삶의 방향이 달라진다."

위기는 언제나 불쑥 찾아오며, 예고 없이 우리를 시험한다. 많은 사람들은 위기를 피하고 무사히 넘기기를 바라지만, 진정한 성장은 그 위기를 직면하고 그 안에서 배움을 찾는 사람에게 찾아온다. 위기는 단순히 우리를 시험하는 것이 아니라, 성장의 촉진제이자 한 단계 더 나아갈 수 있는 기회를 제공한다. 하지만 중요한 것은 위기를 너무 두려워하지 않는 것이다. 두려움에 사로잡히면, 우리는 앞으로 나아가지 못하고 제자리걸음을 할 수밖에 없다.

사람들은 흔히 '위기를 피하고 싶다'는 마음을 갖지만, 현실에서 위기를 완전히 피하는 것은 불가능하다. 피하려 할수록 우리는 더 큰 불안에 사로잡히고, 오히려 아무것도 할 수 없는 상태에 빠지기 쉽다. 심리학자 캐럴 드웩의 '성장 마인드셋' 이론처럼, 위기를 직면하고 그 경험을 통해 배우고 성장하는 사람들은 더 강한 인생을 살아간다. 그들은 단순히 한 번의 위기를 넘기는 것이 아니라, 위기를 통해 자신을 단련하고, 다음에 더 큰 위기를 맞이하더라도 그것을 감당할 힘을 기르게 된다.

작은 성공의 중요성

위기를 맞이하는 사람들의 태도는 저마다 다르다. 어떤 사람은 위기를 기회로 삼아 성공의 발판으로 삼지만, 또 다른 사람에게는 한 번의 실패가 인생을 무너뜨릴 만큼 힘들게 다가올 수 있다. 특히, 유리 멘탈을 가진 사람들은 위기에 대한 불안과 두려움이 크기 때문에, 작은 성공을 쌓아 나가는 것이 중요하다. 작은 도전에서 성취감을 얻고, 점진적으로 자신감을 키워나가야 한다.

한때 권투계의 전설이었던 마이크 타이슨의 사례를 떠올려 보자. 그는 감옥에서 출소한 후 선수로서 재기를 꿈꾸었지만, 타이슨의 코치는 그의 몸과 마음이 이전만큼 강하지 않다는 것을 알고 있었다. 그래서 코치는 타이슨이 다시 자신감을 갖도록 그에게 현저하게 약한 선수와 경기를 하게 했다. 이 작은 승리가 타이슨에게 다시 힘을 주었고, 이후 더 큰 경기를 이길 수 있는 발판이 되었다. 이처럼 작은 성공의 경험은 위기 상황에서도 자신감을 회복하고, 다음 도전을 준비하는 데 큰 힘이 된다. 우리가 이러한 작은 성공을 통해 자존감을 쌓아 나간다면, 큰 위기에도 쉽게 흔들리지 않을 수 있다.

위기 속에서 배워야 하는 것

많은 사람들은 위기를 맞이했을 때 두려움과 불안에 빠진다. 그러나 불안에만 머물러 있으면, 우리는 그 위기 속에서 배울 수 있는 소중한 기회를 놓치게 된다. 예를 들어, 직장에서 중요한 일을 맡았을 때 실패에 대한 두려움 때문에 물러선다면, 그 경험에서 얻을 수 있는 배움과 성장을 포기하는 것과 같다. 반면, 실패를 두려워하지 않고 프로젝트에 도전한다면, 그 과정에서 부족한 점을 발견하고 이를 보완해 나가면서 더 큰 성취를 이룰 수 있다. 이런 도전의 과정에서 우리는 문제 해결 능력과 새로운 시각을 얻게 된다.

위기는 또한 우리의 진짜 실력을 시험하는 순간이기도 하다. 평온한 일상에서는 우리의 약점이 쉽게 드러나지 않지만,

위기의 순간에는 우리의 진짜 모습이 드러나기 마련이다. 이때 자신을 점검하고 부족한 부분을 보완할 수 있는 기회를 얻어야 한다. 회사에서 중요한 프로젝트 도중 예기치 못한 문제가 발생했을 때, 평소에 유능해 보였던 직원들이 주저하거나 뒤로 물러서는 경우가 있다. 반면, 평소에는 조용히 있던 직원이 위기 속에서 자신의 능력을 발휘해 팀을 이끌어 성공시키는 경우도 있다. 대개 이런 사람들은 어려울 때 눈에 띄며, 회사에서 큰 역할을 맡게 된다. 이처럼 위기는 잠재력을 드러내고, 성장을 촉진하는 중요한 기회가 된다.

작은 성취가 주는 힘

모든 사람에게 위기는 다르게 다가온다. 어떤 사람은 작은 실패에도 크게 무너질 수 있고, 반대로 어떤 사람은 실패를 계기로 더 단단해진다. 이런 차이는 결국 경험의 차이에서 비롯된다. 경험이 부족한 사람일수록, 작은 도전과 성취를 통해 자신감을 쌓아 나가야 한다. 이러한 작은 성취들은 큰 도전에 나서기 전에 자신을 단련하고, 위기 상황에서도 흔들리지 않는 기반을 제공한다. 작은 성취는 단순히 결과만이 아니라, 그것을 통해 얻는 자존감과 내면의 힘을 키우는 데 중요한 역할을 한다.

위기를 성장의 발판으로 삼기

위기는 우리에게 큰 시험이자 중요한 기회를 제공한다. 그러나 그것을 어떻게 받아들이느냐에 따라 우리의 삶은 완전히 달라진다. 실패했다고 해서 좌절할 필요는 없다. 실패는 더 큰 성장을 위한 기회다. 위기를 마주하는 태도가 우리의 성장을 결정한다. 그러니 위기를 두려워하지 말자.

오늘도 크고 작은 위기가 우리 앞에 다가올 것이다. 그 위기 속에서 우리는 어떤 태도를 선택할 것인가? 그 선택이 우리의 미래를 결정짓는 중요한 순간이 될 것이다. 위기를 두려워하는 대신, 그 안에서 나를 성장시킬 방법을 찾고, 작은 성취를 통해 자신감을 쌓아 가는 자세를 가질 때, 우리는 더 단단하고 강한 삶을 살아갈 수 있을 것이다.

06

인생이 계획대로
흐러가지는 않지만

"당신의 계획은 몇 번이나 틀어졌습니까? 그리고 그때 당신은 어떻게 반응했습니까?"

우리는 모두 계획을 세우고 미래를 준비하지만, 인생은 언제나 예측할 수 없는 변수들로 가득 차 있다. 아무리 신중히 준비해도 예상치 못한 시련이 찾아오고, 그 순간 우리는 절망감에 휩싸이기 쉽다. '왜 나는 항상 이렇게 되는 걸까?' 혹은 '내가 부족한 사람인가?'라는 자책이 우리를 무겁게 짓누른다. 그러나 계획대로 흐러가지 않는다고 해서 우리의 노력이 무의미한 것은 아니다. 사실, 삶은 우리가 계획하지 않은 변수들로 가득하며, 이 변수들이 오히려 더 나은 방향으로 이끌어 줄 때가 많다.

그 변화를 어떻게 받아들이고 대처하는지가 인생의 방향을 결정한다.

계획의 사용법

우리가 세운 계획이 실패했다고 해서 인생이 무너지는 것은 아니다. 그저 새로운 기회를 맞이할 준비를 해야 할 뿐이다. 심리학자 마틴 셀리그만은 '행복은 환경이 아니라, 그 환경을 대하는 태도에 의해 결정된다'고 말했다. 계획이 실패했을 때 절망하지 않고 이를 기회로 삼아 새로운 길을 찾는 태도, 그것이 인생을 더욱 단단하게 만든다. 우리가 계획한 대로 되지 않는다는 것은 또 다른 가능성의 문을 여는 순간일지도 모른다. 그때 우리에게 필요한 것은 열린 마음과 변화에 대응하는 유연성이다.

어떤 사람은 실패를 계기로 새로운 진로를 개척하고, 또 다른 사람은 실패 속에서 자신의 진정한 열정을 찾는다. 예전에 알던 한 사업가는 오랜 시간 공들였던 프로젝트가 실패하자 처음엔 모든 것이 끝난 것처럼 느꼈다. 하지만 그는 실패한 경험을 바탕으로 다른 길을 모색했고, 오히려 더 큰 성공을 거두었다. 그가 실패했을 때 그 경험을 기회로 보지 않고 좌절만 했다면, 그는 결코 지금의 위치에 오르지 못했을 것이다. 계획이 무너질 때 중요한 것은 그것을 재해석하고, 다시 일어설 용기를 가지는지다.

삶의 태도와 유연성

누구도 인생을 완벽하게 통제할 수 없다. 오랜 시간 준비한 승진이 쉽게 이루어지지 않거나, 자녀 교육에 온 힘을 쏟았지만, 기대만큼의 결과를 얻지 못할 때도 있다. 한 친구 부부는 자녀 교육에 최선을 다했지만, 아이의 꿈과 부모의 기대가 충돌하면서 갈등을 겪었다. 처음에는 부모의 교육이 실패한 것처럼 느껴졌지만, 시간이 지나며 부모는 아이의 독립적 생각을 존중하기 시작했다. 결국, 그들은 서로의 차이를 이해하며 새로운 길을 찾을 수 있었다. 이처럼 계획이 틀어지더라도, 그 속에서 서로의 길을 찾고 성장할 기회가 생긴다.

삶은 우리가 통제할 수 없는 일들로 가득 차 있지만, 이러한 불확실성 속에서도 우리는 끊임없이 성장할 수 있다. 실패나 좌절을 겪을 때 중요한 것은 그것을 받아들이고, 그 속에서 배울 점을 찾아내는 것이다. 현재의 어려움이 미래를 준비하는 과정이라면, 우리는 그것을 통해 스스로를 단련하고 더욱 강해질 수 있다. 변화와 불확실성 속에서도 흔들리지 않는 자세가 필요하다. 이는 우리의 태도와 시선에 따라 불리한 상황도 유리하게 바꿀 수 있음을 의미한다.

시간이 걸리더라도, 꾸준히

때로는 시간이 더디게 느껴지는 상황에 처할 때가 있다. 1년 안에 끝날 것 같았던 일이 5년이 걸릴 때도 있고, 목표했던 일이 예상보다 훨씬 길게 늘어질 때도 있다. 이런 상황에서 우리는 스스로를 탓하기도 하고 '잘못된 길을 가고 있는 것이 아닐까?'라는 의문을 품게 된다. 그러나 그 순간에도 나 자신을 믿고, 묵묵히 걸어가는 것이 중요하다. 지금 당장은 길이 보이지 않더라도, 결국 그 길이 나에게 가장 올바른 길이라는 믿음을 가지고 나아가야 한다. 어떤 길이든 끝까지 가 보지 않고는 결과를 단언할 수 없다.

인생은 우리의 속도를 기다려 주지 않는다. 우리가 아무리 계획을 세워도 세상은 그에 맞추어 움직여 주지 않는다. 그러니 중요한 것은 그 과정에서 나의 태도를 잃지 않고, 믿음을 가지고 꾸준히 나아가는 것이다. 세상은 내 뜻대로 움직이지 않지만, 그것이 곧 더 나은 방향으로 나를 이끌어 줄 때가 많다. 내가 선택한 길이 멀고 험하더라도 그 길에서 내 태도를 잃지 않고 묵묵히 나아가는 것, 그것이 인생의 올바른 자세다.

자신에 대한 믿음

삶이 계획대로 되지 않을 때, 나를 지키는 법을 배워야 한다.

어떤 상황에서도 나의 태도를 잃지 않고 긍정적인 시선으로 상황을 바라볼 때, 우리는 인생의 불확실성 속에서도 흔들리지 않는다. '세상이 나를 실망시킬 때에도, 나는 나 자신을 믿는다'라는 마음가짐이 필요하다. 세상이 흔들어도 내가 나를 믿고 내 길을 걸어갈 때, 그것이야말로 진정한 인생의 교훈이 된다.

어떤 날은 모든 것이 계획대로 잘 풀리는 것처럼 보이고, 또 어떤 날은 모든 것이 엉망으로 느껴지기도 한다. 그러나 중요한 것은 그런 순간에도 내 신념과 태도를 잃지 않는 것이다. 세상이 아무리 흔들어도 내 중심을 지킬 수 있는 힘은 결국 나에게서 나온다. 내가 나를 믿고 걸어갈 때, 그 길은 나를 더 나은 방향으로 이끌 것이다.

예상 밖의 길이 더 아름다운 이유

인생은 계획대로 되지 않는 순간들로 가득하다. 하지만 그 불확실성 속에서 우리는 더 큰 기회를 발견할 수 있다. 계획이 틀어졌다고 해서 끝이 아니다. 오히려 그 순간이 우리의 삶을 새로운 방향으로 이끌 기회일 수 있다. 처음 예상했던 길이 아닌 새로운 길을 걸어갈 때, 우리는 예상치 못한 배움과 성장을 경험할 수 있다. 이런 과정을 통해 우리는 계획 밖의 길이 때로는 더 아름답고 값진 결과를 가져다줄 수 있음을 깨닫게 된다.

삶이 계획대로 되지 않더라도, 당신의 태도가 당신을 더 나은 곳으로 이끌어 줄 것이다. 그러니 오늘도 당신의 길을 묵묵히 걸어가자. 그 길이 처음 예상했던 것과 다르더라도, 당신의 긍정적인 태도와 신념이 그 길을 더 아름답게 만들어 줄 것이다.

결국, 계획이 틀어지더라도 그 안에서 새로운 기회를 발견하고 나아가는 것이야말로 인생을 단단하게 만드는 진정한 힘이다.

07

생각하는 길이
다를 수 있습니다

"생각하는 길이 다를 수 있습니다. 원하시는 길이 있다면, 알려 주세요."

한번은 택시를 탔을 때, 좌석에 붙어 있던 이 문구를 보면서 여러 생각에 잠겼다. 단순해 보이는 문장이지만, 이 한 줄은 우리가 일상에서 마주하는 수많은 갈등의 본질을 함축하고 있다. '다른 길'이 존재한다는 사실을 받아들이는 것, 그 다름을 인정하는 것은 쉬운 일이 아니다. 사람들은 자신이 가장 똑똑하고, 자신이 아는 길이 최선이라고 믿는 경향이 있다. 택시에서도 마찬가지다. 기사님이 내가 생각한 길과 다른 경로로 갈 때면 불편함을 느끼고, '왜 이 길로 가지?'라는 의문이 든다. 그러나 돌아보면, 그분도 그저 자신이 경험한 최적의 경로를 선택했을 뿐이라는 것을 깨닫게 된다.

갈등의 본질을 이해하기

우리의 일상은 이러한 '다른 길'을 마주하는 순간들로 가득하다. 회사에서, 가정에서, 친구와의 대화 속에서 생각의 차이로 인해 갈등이 생기곤 한다. 내가 옳다고 믿는 길이 누군가에게는 낯설고 이해되지 않는 길일 수 있다. 그러나 중요한 것은 그 다름을 인정하고, 그로 인해 생길 수 있는 불필요한 갈등을 줄이는 것이다.

가족과 휴양림으로 여행을 갔을 때 숙소에서 에어컨이 시원하지 않고 거실 등이 켜지지 않아 불편했던 경험이 있었다. 관리소에 문의하니, 담당자는 '에어컨은 날씨가 너무 덥기 때문에 그렇게 느껴질 수 있고, 거실등 스위치는 주방이 아닌 현관 앞에 있다'고 설명했다. 우리는 정보를 얻기 전에는 불만을 품었지만, 소통을 통해 불편은 쉽게 해결되었다. 그 직원은 올해 유독 더워서 이런 민원이 자주 있다는 말을 덧붙였다. 그때 내가 생각한 것은 그렇다면 '안내 문구를 붙이는 것만으로 해결이 되지 않을까?', 그렇게 하면 직원이 '직접 방문해서 확인하는 번거로움을 없앨 수 있지 않을까?', 이런 생각이었다. 그러나 그 직원의 입장에서는 그렇게 객실에 방문해서 객실의 인원을 점검하거나 다른 의도가 있었을지도 모른다.

다름을 받아들이는 태도

우리가 택시나 숙소에서 겪는 소소한 갈등뿐만 아니라, 더 큰 문제들에서도 생각의 차이는 중요한 역할을 한다. 예를 들어, 회사에서 상사가 '이 일을 빨리 처리해 달라'고 말할 때 직원은 '언제까지요?'라고 물어야 할 때가 있다. 상사와 직원 간의 생각 차이, 즉 '빨리'의 정의가 다르기 때문이다. 상사는 단지 자신이 원하는 결과를 명확히 표현하지 않았을 뿐이지만 직원은 그 표현을 이해하지 못해 오해가 생길 수 있는 것이다. 이런 갈등은 단순한 소통의 차이에서 비롯되지만, 더 큰 불만으로 이어지기도 한다.

'내 길이 옳다'는 생각에서 벗어나 서로 다른 길이 존재할 수 있음을 받아들이는 태도가 중요하다. 그 차이를 존중할 때 비로소 소통은 원활해지고 갈등은 줄어든다. 칼 로저스는 '진정한 인간관계는 서로의 다름을 인정하고, 그 다름을 통해 더 깊은 이해를 형성하는 데 있다'고 했다. 우리가 다름을 존중할 때, 그 안에서 더 큰 성장의 기회를 찾을 수 있다.

열린 시야로 세상 바라보기

우리는 매일 다른 사람들과 생각의 차이를 겪는다. 그러나 그 차이를 인정하고 존중하는 것이 우리를 더 단단하게 만든다. 다름을 받아들이지 못하고 고집하는 순간, 우리는 한정된 시야에 갇히게 된다. 반대로, 다른 사람의 생각을 받아들이고 이해하려고 할 때 우리의 시각은 넓어지고, 더 유연한 사고를 가지게 된다.

삶에서 배운 경험을 예로 들자면, 직장에서 나와 의견이 다른 동료와 협업할 때 갈등이 생길 수 있다. 그러나 그 동료의 의견을 존중하고 귀 기울여 듣는다면, 우리는 새로운 시각을 얻게 되고 문제를 해결하는 더 나은 방법을 발견할 수 있다. 택시나 회사에서의 갈등처럼, 우리는 다양한 상황에서 다름을 마주한다. 이 다름은 불편할 수 있지만, 결국 그 다름 속에서 우리는 성장할 수 있다.

카를 융도 비슷한 맥락에서 '개인은 타인의 거울 속에서 진정한 자신을 발견할 수 있다'고 말했다. 우리가 나와 다른 사람들의 사고방식을 인정하고 받아들일 때, 우리는 더 많은 것을 배우고 더 넓은 시각으로 세상을 바라볼 수 있게 된다. 이 과정은 단순한 수용을 넘어, 진정한 배움과 성장을 위한 기회가 되는 것이다.

다름을 존중할 때 더 나은 관계가 된다

앞으로 우리가 해야 할 일은 서로의 길이 다를 수 있음을 인정하고, 상대방에게 명확히 나의 입장을 설명하는 것이다. 동시에, 상대방의 입장을 이해하려는 마음을 갖는 것도 중요하다. 이렇게 소통하는 과정에서 우리는 불필요한 갈등을 줄이고 더 깊은 관계를 형성할 수 있다.

상대방의 다름을 인정하는 것은 나와 다른 사고방식을 이해하는 것에서 시작된다. 서로의 입장을 수용하고 함께 성장할 때, 우리는 갈등을 넘어 더 나은 관계를 맺고 더 큰 성장을 이룰 수 있다. 이를 통해 우리가 마주하는 수많은 관계가 더 단단해질 수 있다.

내가 아는 것이 최선이 아닐 수 있다

'내가 걷는 길이 최선이 아닐 수 있다'는 마음을 가지는 것, 그리고 다른 사람의 길을 존중하고 함께 걸어가는 것이 중요한 태도다. 우리는 다양한 길을 걷는 사람들과 함께 살아가고 있다. 모든 이가 자신이 생각하는 길이 있고 서로 다른 시선을 가질 수 있다는 점에서, 이 차이를 존중하는 자세가 필요하다.

세상에는 생각보다 이성적이지 않은 행운이 많다. 그것이 모두 좋은 태도에서 비롯된다는 것은 우리에게 중요한 힌트다.

'나를 단단하게 만드는 태도'는 결국 내가 가진 길을 걸으면서도, 그 길이 최선이 아닐 수 있음을 인정하고 다른 길을 함께 걸어가는 것이다.

부디 이 글을 통해 좋은 태도의 힌트를 얻었으면 좋겠다. 좋은 태도는 기회를 만들고, 준비된 사람은 그 기회를 잡을 수 있다.

서로의 차이를 인정하고, 그 차이 속에서 성장하는 당신의 모습을 기대한다. 이제 당신은 어떤 길을 선택할 것인가?

"기본을 지키고 진정성을 담을 때,
우리는 가장 자연스럽고 아름다운 모습으로 빛난다."

PART
06
· · ·

나를 빛나게
하는 것들

01

Back to the Basic

나는 과거 한 영업 분야에서 TOP이었고, 그 조직에서 TOP 팀 3개를 만들었다. 그 성공의 원동력은 단 하나, 기본기에 있었다. 당시에 나보다 더 능력 있는 경쟁자들도 많았다. 그들은 매력적인 외모와 뛰어난 말솜씨로 영업했다. 하지만 그들은 나와 내 팀을 이기지 못했다. 이유는 단순하다. 그들은 현란한 말재주와 영업 기술을 가르쳤지만, 나는 기본을 가르쳤기 때문이다. 기본기를 중시한 이유는 내가 경험을 통해 배운 중요한 교훈이었기 때문이다. 나를 성장시킨 리더 또한 내게 기본기를 가르쳤고, 그 덕분에 나는 성공할 수 있었다.

처음 영업을 배울 때, 내 팀장은 사무실에 온 고객과의 대화를 옆에서 듣기만 했고, 절대 도와주지 않았다. 그는 훌륭한 영업 스킬을 가지고 있었지만, 처음부터 나에게 그 기술을 알려주지 않았다. 다른 팀장들이 팀원들의 계약을 적극 도와준 것과는 반대였다. 내가 계약을 더 많이 해야 자신의 수당이 올라감에도 팀장은 나를 돕지 않았다. 고객이 떠난 후에는 '이 계약이 왜 안 됐는지 알아? 만약 네가 이 한마디만 했으면, 그 사람은 100% 계약했을 거야'라는 피드백을 들려주었다. 그 당시에는 그런 말이 속상하고 서운했다. 첫 달에 동기들이 7~8건의 계약을 성사할 때, 나는 겨우 한 건을 계약했다. 하지만 3개월 후부터, 나는 조직 내에서 TOP이 되었다.

결과만으로, 영업이 쉬웠을 거라고 생각한다면 오해다. 내가 했던 영업은 보험이나 자동차 영업보다도 훨씬 어렵다고 알려져 있었다. 경쟁자들이 나와 내 팀을 이기지 못한 이유는 그들이 기본기를 소홀히 하고, 계약하는 기술부터 배웠기 때문이다. 그들은 기본기를 배우지 않았고, 배워야 할 필요성을 느끼지 못했다. 말솜씨나 영업 기술이 영업에 필요한 건 맞지만, 이런 기술들은 오히려 기본기를 무시하게 만들 수도 있다. 하지만 나는 기본기의 힘을 믿었다. 나와 내 팀이 꾸준히 성과를 낼 수 있었던 이유는 기본에 충실했기 때문이다.

가끔 영업에서 어려움을 겪는 사람들에게 내 경험을 들려주면, '그걸 누가 모르나요? 그런 방식은 너무 기초적이고, 힘드니까 그렇죠.'라는 반응을 듣기도 한다. 하지만 내가 알게 된 최고의 영업 기술은 바로 기본기다. 이 말은 영업뿐만 아니라 다양한 분야에서도 진리에 가깝다. 나는 영업을 그만둔 지 오래되었지만, 여전히 이 원칙을 여러 상황에 적용한다.

"한 사람을 만나서 계약이 안 나오면 두 사람을 만나고, 그래도 계약이 안 되면 열 사람을 만나고, 만약 그래도 계약이 안 되면 백 명을 만나라."

이것과 함께 더해져야 하는 기술이 있기는 하지만, 이게 전부일 수도 있다. 영업하는 사람 중에는 이 방법을 건너뛰고, 이 이상의 기술을 배우려는 사람이 많다. 대개 이런 부류는 영업을 잘하지 못한다. 다른 분야의 일은 어떨까? 세상에 기본을 이기는 능력은 없다. 기본에 기술이 더해지면 능력이 되지만, 기본이 없는 기술은 선무당을 만들어 낸다. 나는 기본기로 영업에서 TOP이 되었고, 그 방식으로 직장에서 인정받았다. 당시 나는 직장인 월급보다 비싼 제품을 팔았는데, 한 달에 180건 이상의 계약을 하기도 했다. TOP 그룹의 평균이 20~25개 수준이었으니, 결코 적은 계약 건수가 아니었다. 이때 내가 영업했던, 대기업 오너에게 그 회사의 차장급으로 스카우트 제의를 받기도 했다. 그때 나는 고작 20대였다. 나는 이 모든 기회가 기본기에 있다고 믿는다.

02

허드렛일의 힘

지금은 사라졌지만, 과거에는 실업계 고등학생들이 증권 회사나 은행에 사환으로 일하던 시절이 있었다. 그들이 맡았던 일은 주로 복사나 심부름 같은 허드렛일이었다. 그러나 그들 중 일부는 졸업 후 지점장의 추천을 받아 정직원으로 채용되는 경우가 있었다. 요즘처럼 권력자가 부당하게 개입해 취업 문제가 발생하는 일과는 달리, 좋은 태도로 행운을 만들어 낸 사례가 많았다. 그 당시에도 대기업이나 금융권에 취업하는 것은 결코 쉬운 일이 아니었지만, 어떤 이들은 아르바이트 자리에서 대기업 정직원의 길을 열었다. 그들이 복사나 심부름을 잘했기 때문이 아니라, 일을 대하는 태도가 남달랐기 때문이다. 모든 학생이 이런 혜택을 누린 것은 아니었고, 태도가 남다른 일부만이 이런 행운을 누릴 수 있었다. 같은 상황에서 누군가는 기회를 잡았고, 누군가는 기회를 날려 버렸다. 이것이 과거에만 가능했던 이야기일까?

장동철 작가는 자신의 유튜브를 통해 H자동차그룹 인사부문장 시절의 경험을 여럿 공유하고 있다. 그는 재직 시절 좋은 직원을 찾기 위해 늘 눈에 불을 켜고 다녔다고 말한다. 어느 공간이든 일하는 태도가 좋은 사람을 발견하면, 주저하지 않고 입사를 제안했다. 심지어는 식사하러 간 식당의 아르바이트생을 보고도 너무 괜찮으면 '아, 이 친구 우리 회사에서 함께 일했으면 좋겠다'라는 생각을 했고, 그런 내용을 전달했다. 비록 아르바이트지만, 식당의 주인보다 더 일하는 태도가 좋았기 때문이다. 그저 친절한 것이 아니라 일을 대하는 자세, 일하는 센스, 이런 것들을 높이 산 것이다.

태도가 좋은 사람을 채용하고 싶은 것은 채용의 당연한 메커니즘이다. 회사에서 채용 공고를 하고 면접을 보는 이유는 좋은 직원을 찾기 위해서다. 그러나 직원은 꼭 채용 공고를 통해서만 만날 수 있는 것이 아니다. 어디서든 이런 기회와 행운은 있을 수 있다. 이것이 채용에서만 있는 내용은 아니다. 좋은 태도는 생각보다 많은 곳에서 기회를 만들어 낸다. 어디선가, 누군가는 여전히 그 기회를 잡고 있을 것이다. 모두에게 주어지는 것은 아니지만, 내 삶에 최선을 다하고 좋은 삶의 자세를 가지면, 허드렛일조차도 기회가 된다.

자수성가한 사람들을 보면 그들의 출발점은 대개 허드렛일이다. 별 볼 일 없는 작은 일들은 모두 성공의 비밀이 숨어 있다. 그리고 행운을 품고 있다. 어쩔 수 없이 하는 일이 아니라, 이왕 하는 것이라면 잘해야 한다. 우리나라에는 팁 문화가 없지만, 식당에서 일 잘하는 아르바이트생을 보면 자연스레 팁을 건네게 된다. 반대의 경우는 부정적인 말이나, 부정적인 눈빛을 건네게 된다. 하다못해 양파도 매일 좋은 얘기를 해 주면 더 잘 자라고, 욕을 들으면 생장이 한없이 느려진다. 사람은 어떨까?

기업의 임원이 된 사람들도 비슷하다. 임원이 된 사람 중에는 허드렛일을 등한시하던 사람이 거의 없다. 예전에는 상사들이 복사를 참 많이 시켰다. 누군가는 상사에게 '내가 이러려고 대학을 나왔나?', 이런 표정을 보여 주었고, 다른 누군가는 복사물을 상사가 사용할 수 있도록 정리까지 해서 바로 쓸 수 있도록 가져다주었다. 만약 당신이 상사라면, 어떤 직원에게 더 높은 평가를 할까? 허드렛일마저도 잘하던 사람들은 능력을 인정받고, 허드렛일이라 못하겠다고 하면 그 이상의 인정을 받지 못한다. 모든 것은 작은 행동에서 시작된다. 허드렛일을 가볍게 여기는 사람은 책임감과 성실함이 부족하다고 여겨질 수밖에 없고, 이는 결국 신뢰를 잃게 만든다. 신뢰를 잃은 사람은 기회를 얻기 어렵다.

03

꾸준한 사람을
이기는 것은 없다

　예능 프로그램 강철부대 여군 편에서는 누구도 예상하지 못
한 반전이 펼쳐졌다. 해군과 육군의 대결이었는데, 누가 봐도
해군의 승리가 확실한 게임이었다. 따라잡기에는 이미 격차가
너무 많이 벌어졌다. 육군이 끝까지 최선을 다한 이유는 이길
수 있을 것이라는 기대 때문이 아니었을 것이다. 군대를 경험한
사람이라면 알겠지만, 경쟁에는 따라잡을 수 없는 격차가 있다.
특히 여성 군인 네 명이 300m의 거리를 80kg에 달하는 보급품
을 지고 이동하고, 언덕을 오르며 '죽음의 기동'을 마친 후 사격
에서 3개의 목표물을 맞히는 미션은 남성 군인에게도 벅찬 도
전이다. 그러나 그날, 육군은 해군을 꺾고 승리했다. 그들은 포
기하지 않고, 단지 주어진 미션을 묵묵히 수행하는 강한 의지로

끝까지 나아갔다. 만약 이들이 그 순간의 임무를 지속적으로 수행하지 않았다면, 결코 승리할 수 없었을 것이다. 이날의 경쟁은 승리를 기대하기보다는, 그저 자신들의 임무에 집중한 결과였다.

'계속하는 사람을 이길 수 있는 것은 없다'는 말은 진리다. 세상에는 재능이 뛰어난 사람이나 한순간에 성과를 내는 사람들이 많지만, 그 누구도 꾸준히 노력하는 사람을 이길 수 없다. 재능도, 운도 일시적이다. 하지만 지속적으로 나아가는 사람은 시간이 지날수록 더 단단해진다. 우리가 종종 잊는 것은 바로 이 꾸준함의 위대함이다.

작은 성취는 노력이 보이지 않을 만큼 사소한 순간에서 시작된다. 한 번의 큰 도약이 아닌, 매일 조금씩 반복되는 작은 행동들이 쌓여 결국 성공을 이룬다. 무언가를 끊임없이 해낸다는 것은 처음에는 지루하고 의미 없어 보일 수 있지만, 그 반복은 결국 다른 사람들과의 격차를 만들어 낸다.

특히 운동선수들은 이 원리를 잘 보여 준다. 아무리 탁월한 실력을 타고났더라도, 재능을 가꾸지 않거나 꾸준히 훈련하지 않으면 그 실력은 유지될 수 없다. 부상이나 슬럼프를 겪어도 포기하지 않고 계속 훈련하는 선수만이 다시 일어설 수 있는 힘을 얻는다. 꾸준히 노력하는 사람은 결국 자신을 뛰어넘고, 나아가 다른 사람들도 뛰어넘는다. 한 번의 승리보다 중요한 것은, 포기하지 않고 끝까지 남아 있는 것이다.

계속하는 사람을 이길 수 없는 이유는 그저 그들이 더 많이 노력하기 때문만은 아니다. 꾸준함은 자신을 믿게 하고, 그 믿음을 강화한다. 그리고 그 과정에서 더욱 강해진다. 실패와 좌절에 얽매이지 않고 계속 나아가는 사람은 외부의 평가나 환경에 흔들리지 않는다. 그들은 자신만의 리듬을 찾아가며, 마음의 근육을 단련해 결국 실패에 겁먹지 않게 된다.

왜 우리는 중간에 멈추고 싶은 유혹을 느낄까? 대부분은 즉각적인 성과를 기대하다가, 그 성과가 빨리 오지 않으면 지쳐버리기 때문이다. 하지만 중요한 건, 성과가 보이지 않더라도 멈추지 않는 것이다. 어떤 일이든 결과는 시간의 축적에서 나온다. 씨앗을 심고 물을 주듯, 눈에 보이지 않는 뿌리들이 자라는 과정을 인내심을 갖고 기다려야 한다.

결국, 승자는 가장 빠르거나 가장 힘이 세거나 가장 똑똑한 사람이 아니다. 최후까지 남아 있는 사람이다. 이들이 승리하는 이유는 단순히 인내심 때문이 아니라, 그 과정에서 끊임없이 배우고, 개선하며, 스스로를 단련하기 때문이다. 기억해야 할 것은 단 하나다. 꾸준함은 재능을 넘어설 수 있고, 나쁜 조건을 이겨내게 만든다. 결국, 꾸준한 사람이 이긴다. 이 말은 진리다.

04

보이게 일하라

'보이는 것이 전부다'라는 말이 있다. 사랑한다고 말하면서도 표현하지 않는 사람들이 있다. 어색해서, 혹은 닭살 돋는다는 이유로 못하는 사람도 있고, 굳이 말로 해야 아느냐고 말하는 사람도 있다. 그러나 말하지 않으면 상대는 알 수 없다. 우리는 신이 아니라 사람이기 때문이다. 회사에서도 마찬가지다. 일을 해도 보이게 하지 않으면 아무도 그 노력을 알 수 없다. 이는 소통의 문제로까지 이어진다. 친구 사이, 가족 간에도 이 원칙은 크게 다르지 않다. 보여지는 것이 중요하며, 어쩌면 그것이 거의 전부일지도 모른다. 과거에는 '오른손이 한 일을 왼손이 모르게 하라'는 말을 미덕으로 여겼다. 일을 해도 표를 내지 말라는 의미로, 나 역시 이를 미덕으로 배워 왔다. 그러나 회사에서 항상 이익을 얻는 사람들은 언제나 자신을 드러내는 사람들이었다. 결국 보이는 것이 전부인 셈이다.

'보이게 일하라'는 점점 더 중요한 역량이 되고 있다. 많은 사람들이 자신이 맡은 일에 최선을 다하고 성실하게 임하지만, 그 성실함이 제대로 보이지 않을 때가 많다. 아무리 일을 잘해도 그것이 다른 사람에게 보이지 않으면 평가받기 어렵다. 이 때문에 일을 '보이게' 하는 것이 단순한 성과보다 더 중요한 시대가 되었다.

특히 직장에서는 자신의 업무가 어떻게 진행되고 있는지, 어떤 성과를 내고 있는지를 꾸준히 알리는 것이 필수적이다. 많은 사람들은 '나는 내 일을 알아서 잘하고 있으니 알아주겠지'라고 생각하지만, 현실은 그렇지 않다. 자신의 노력을 드러내지 않으면 그 가치는 쉽게 묻히고 만다. 그래서 보이게 일하는 것은 단순히 눈에 보이는 결과를 넘어서, 자신의 가치를 제대로 평가받기 위한 중요한 전략이다.

그렇다면 어떻게 일을 '보이게' 할 수 있을까?

첫째는 소통이다. 내가 어떤 일을 하고 있으며, 그 일이 어떻게 진행되고 있는지를 꾸준히 알려야 한다. 많은 이들이 보고나 업데이트를 귀찮아하지만, 이 과정에서 일의 진전이 보이고, 상사나 동료들은 그 흐름을 파악하게 된다. 소통은 내가 맡은 업무를 다른 사람들에게 시각화하는 중요한 수단이다.

둘째는 결과를 시각적으로 나타내는 것이다. 대부분의 업무가 서류나 문서로 이루어지지만, 시각적 자료나 데이터를 활용해 성과를 보여 주는 것이 훨씬 효과적이다. 차트나 그래프 같은 시각적 도구들은 업무의 성과를 한눈에 전달할 수 있다. 작은 변화라도 눈에 보이도록 정리해 보여 주면 그 가치는 배가된다.

셋째는 자신의 역할을 명확히 하는 것이다. 아무리 팀으로 일한다고 해도, 나의 기여도가 명확히 드러나지 않으면 공은 팀 전체에게 돌아가고, 개인은 인정받지 못할 수 있다. 팀 프로젝트에서도 내가 어떤 부분을 맡았고, 어떤 성과를 냈는지 분명히 밝히는 것이 중요하다. 이는 단순히 개인의 성과를 드러내기 위함이 아니라, 자신의 역량을 정확하게 평가받기 위한 필수 과정이다.

일을 보이게 한다는 것은 '자기 자랑'을 하라는 뜻이 아니다. 자신이 쌓아 온 노력과 결과물을 스스로 보호하고, 그 가치를 높이 평가받기 위한 현명한 전략이다. 아무리 훌륭한 성과를 내더라도, 그것이 드러나지 않으면 아무도 알지 못한다. 묵묵히 일하는 것이 미덕으로 여겨지던 시대는 지났다. 이제는 자신의 일을 제대로 드러내고, 그 가치를 공유해야 하는 시대다.

마지막으로, 지속적인 자기 홍보가 필요하다. 일이 잘 진행될 때뿐만 아니라 그 과정에서 어떤 어려움을 겪고 있는지, 그리고 그것을 어떻게 해결하려고 노력하는지까지 알리는 것이 중요하다. 일을 보이게 한다는 것은 성공의 순간만을 알리는 것이 아니라, 그 과정에서의 고민과 노력을 함께 공유하는 것이다. 이는 나를 더욱 신뢰할 수 있는 사람으로 만들어 주고, 나의 일에 대한 진정성을 드러내는 데 중요한 역할을 한다.

'보이게 일하라'는 말은 자칫 겉치레를 잘하라는 말로 비칠 수 있지만, 결코 자기 과시나 자랑이 아니다. 이는 자신의 가치를 인정받고, 제대로 평가받기 위한 중요한 전략이다. 누구나 각자의 자리에서 최선을 다하지만, 그 노력이 제대로 보이지 않으면 그 가치는 쉽게 묻힌다. 일을 보이게 하고, 그 가치를 드러내는 것이야말로 현대 사회에서 개인의 성장을 이루기 위한 필수적인 방법이다.

05

친절과 겸손

"자네를 만난 것은 나에게 행운이었네. 내가 사원으로 시작해 회장이 되기까지 많은 사람들을 만났지만, 자네처럼 괜찮은 사람은 네 명밖에 없었어. 그들을 모두 임원까지 올려 줬지. 그들이 자신의 자리에서 최선을 다해 주었기에 나도 이 자리에 오를 수 있었네. 자네도 그중 한 사람일세. 아쉬운 점이 있다면, 자네를 너무 늦게 만났다는 거지. 좀 더 일찍 만났더라면 더 많은 기회를 줄 수 있었을 텐데. 이제 내가 퇴직할 날이 얼마 남지 않아 그게 아쉽군."

이 말을 들려준 경영자는 나를 아끼는 이유로 좋은 태도를 꼽았다. 특히, 친절이 주된 이유였다. 그분은 '자네는 참 친절하게 일하는군', '좋은 태도는 능력이다'라는 말을 자주 사용했다. 비록 책에 담기 어려운 개인적인 이야기지만, 그 사랑은 내게 과분하게 느껴졌다. 나는 이것이 바로 좋은 태도의 힘이라고 믿는다. 회사에서 그렇게까지 인정받으며 일하는 사람이 얼마나 될까? 회사를 나와 사업을 시작했을 때, 그분은 회사 대표와 함께 먼 길을 달려와 개업식에 참석해 주었다. 그날, 참석한 동기들이 나에게 물었다. '대표님과 무슨 관계야? 원래 아는 사이야?' 사실 아무런 사적 관계도 없었고, 그저 그분을 존경하며 내 일에 최선을 다했을 뿐이었다. 그분이 내 행사에 참석해 준 것은, 내가 보여준 '친절과 겸손'의 결과라고 생각한다.

살아오면서 몇 번의 중요한 기회가 있었고, 그때마다 나에게 기회를 준 사람들은 항상 같은 말을 했다. 좋은 태도 덕분이라는 것이다. 이것이 단순한 우연일까? 행운은 눈에 보이지 않지만, 나는 그 행운이 사람과 사람의 마음이 합쳐진 결과라고 생각한다. 결국, 좋은 태도는 상대의 마음을 움직여 내게 좋은 기회를 가져다준다. 내가 배운 가장 값진 가치는 바로 '친절과 겸손'의 힘이다.

회사의 관리 부서에 있을 때, 나는 회사의 거의 모든 일에 관여했다. 그 과정에서 확실히 배운 것은 좋은 태도가 사람을 움직인다는 명백한 진리였다. 이 태도는 높은 사람에게만 통하는 것이 아니라, 모든 사람에게 적용되는 것이다. 당시 관리 부서 장들은 힘을 즐기며, 상사에게는 잘 보이고 부하 직원들은 무시하는 태도를 보였다. 그러나 나는 한직에 있는 사람들을 하대하는 모습은 결코 옳지 않아 보였다. 그래서 나는 영선반, 기사분들, 미화원, 경비원분들과 가까이 지내며 그분들을 챙겼다. 특별한 날에는 상사들이 윗사람들에게 선물을 보낼 때, 나는 이분들을 위한 작은 선물을 준비했다. 늘 회사에서 가장 힘든 일을 맡아 주시는 분들이었고, 그들이 행복하면, 회사도 더 나아질 것이라고 생각했기 때문이다. 나는 내가 그분들을 챙겼다고 생각했는데, 실상은 그분들이 나를 챙겼다. 내가 부탁하는 일은 언제든, 어디서든 기꺼이 도와주었고, 내 상사가 시켜도 움직이지 않던 분들이 내 부탁이라면 선뜻 나서 주었다. 이게 작은 선물 때문이었을까? 나는 그렇지 않다고 생각한다. 나는 그분들을 진심으로 존중하고 친절하게 대했다. 그뿐이다. 그분들 중 일부는 경영자에게 나에 대한 좋은 말을 전해 주기도 했다. 이것이 친절과 겸손의 힘이다. 돈 한 푼 들지 않는 작은 배려가 얼마나 큰 힘을 가졌는지, 나는 그 감사함을 잊지 않는다.

친절은 단지 상대를 위한 것이 아니다. 내가 베푼 친절은 결국 나에게 되돌아온다. 심리학 연구에 따르면, 사람들은 타인에게 친절을 베풀 때 자신의 행복감도 상승한다고 한다. 친절은 도덕적 의무가 아니라, 우리를 더 행복하고 만족스럽게 만드는 실천이다. 작은 친절을 베풀며 우리는 서로를 치유하고, 삶을 더 따뜻하게 느낄 수 있다.

하지만 진정한 힘을 발휘하려면 겸손이 함께해야 한다. 겸손은 스스로를 낮추고 타인을 존중하는 마음에서 비롯된다. 이는 단순히 자신을 감추는 것이 아니라, 상대를 진심으로 존중하는 태도에서 나온다. 진정한 겸손은 과시하지 않으면서도 자신의 힘을 올바르게 사용할 줄 아는 것이다.

겸손한 사람은 자신의 성취를 자랑하기보다, 그 성취를 함께한 사람들과 환경에 감사할 줄 안다. 그들은 타인의 의견을 존중하며, 언제나 배우려는 자세로 소통한다. 이런 사람들은 자신의 약점을 인정하고, 이를 통해 더욱 성장하고 성숙해진다. 겸손은 성장의 열쇠다. 모든 것을 안다고 믿는 사람은 배울 필요가 없다고 여기지만, 겸손한 사람은 끝없이 배우고 발전한다. 이는 개인의 성공뿐만 아니라, 그가 속한 공동체와 조직의 발전에도 기여한다.

친절과 겸손은 리더십의 필수적인 덕목이다. 성공적인 리더는 권위로 사람들을 이끄는 것이 아니라, 친절한 배려와 겸손한 태도로 신뢰를 얻는다. 그들은 강압적인 지시가 아닌, 존중을 통해 협력을 이끌어 내고, 공동체를 더 나은 방향으로 이끄는 진정한 리더가 된다. 그들은 다른 사람들에게 영감을 주며, 존경받는 존재가 된다.

　친절과 겸손이 우리에게 주는 교훈은 분명하다. 때로 우리는 경쟁에서 이기기 위해 다른 사람을 누르고자 할 때가 있다. 그러나 진정으로 중요한 것은 함께 성장하고, 서로를 존중하는 것이다. 그 핵심이 바로 친절과 겸손이다. 이 두 가지 미덕은 세상에 큰 변화를 일으킬 수 있는 힘을 지니고 있다.

　친절과 겸손은 결코 약하지 않다. 오히려 그것은 우리가 강해질 수 있는 방법이다. 타인에게 따뜻함을 전하며, 자신을 낮출 수 있는 용기, 그것이 바로 친절과 겸손의 힘이다.

06

할 거면 제대로

 사람은 누구나 선택의 순간을 맞이한다. 작은 일에서부터 큰일까지, 이왕 하기로 마음먹었다면 제대로 하는 게 중요하다. 특히 회사나 가정에서 어떤 일을 맡았을 때 그 일을 대하는 태도는 그 결과를 결정짓는 중요한 요소다. 문제는 많은 사람들이 일을 하면서, 혹은 해야 할 일을 앞두고 불평을 늘어놓거나 자신이 원치 않는다는 태도로 임하는 경우가 많다는 것이다. 회사에서 일을 맡기면 일단 투덜대면서 시작하는 사람들, '이걸 내가 왜 해야 하지?', '나는 이거 하기 싫어'라고 입버릇처럼 말하는 사람들은 결국 그 일을 아무리 잘해도, 그 수고를 인정받기 어렵다.

'입이 방정이다'라는 말이 괜히 생긴 게 아니다. 어떤 사람은 작은 수고에도 칭찬을 받고, 어떤 사람은 큰 성과를 이뤄도 그 공로를 인정받지 못하는 일이 많다. 이런 현상은 단순히 일의 결과만으로 평가되지 않는다. 그 사람의 태도와 말버릇이 어떻게 보이는지가 크게 작용한다. 일을 잘하면서도 늘 불평하거나, '난 원래 못해'라는 식으로 회피하는 태도를 보이는 사람들은 그들의 노력이 빛을 보기 어려운 법이다. 반면, 작은 일이라도 '제가 해 볼게요', '열심히 하겠습니다'라는 긍정적인 태도로 일하는 사람은 실수해도 대수롭지 않게 여긴다.

누군가를 도울 때도 마찬가지다. '내가 도와줄게'라고 해 놓고 밍기적거리거나 늦장 부리면 그건 사실상 도움을 주는 게 아니다. 대부분의 일에는 타이밍이 있다. 특히 누군가를 돕는 일은 시간이 중요하다. 제때 도움을 주지 못하면, 도움을 주는 사람은 자신이 도왔다고 생각할지 몰라도, 도움을 받은 사람의 입장에서는 '별로 도움이 되지 않았다'고 느끼기 쉽다. 돈을 빌려주는 상황이나 일상의 작은 일들에서도 이런 경험은 반복된다. 타이밍과 태도가 얼마나 중요한지 이해해야 한다.

이왕 할 거라면 제대로 하는 게 삶을 더 건강하고 풍요롭게 만든다. 마지못해, 혹은 억지로 일을 시작하는 대신, 그 일을 기꺼이 받아들이고 잘 해내려는 태도가 필요하다. 작은 일이라도 그 일에 몰입하고, 자신의 능력을 최대한 발휘하려는 자세는 결코 쉽게 무너지지 않는다. 이런 태도는 삶에 새로운 기회를 열어 준다.

지금 하려는 일이 무엇이든, 크든 작든 이왕 할 거라면 제대로 해 보자. '이걸 내가 왜 해?'라는 생각보다는, '이걸 통해 무엇을 배울 수 있을까?', '어떻게 하면 더 잘할 수 있을까?'라는 긍정적인 생각을 가지는 것이 중요하다. 입버릇처럼 던지는 말 한마디, 일에 임하는 태도가 바뀌면, 그 결과 역시 달라질 것이다.

이왕 할 거면 제대로 하자. 그 태도가 우리를 더 나은 곳으로 이끌어 줄 것이다.

07

예쁘게 말하고
따뜻하게 바라보기

우리가 살아가는 세상은 복잡하고 때로는 냉혹하다. 많은 사람들은 인정과 성과를 좇으며, 경쟁 속에서 자신의 가치를 증명하려 애쓴다. 이런 환경 속에서 사람들 간의 관계는 갈등과 오해로 자주 얽히게 된다. 그래서 '예쁘게 말하고 따뜻하게 바라보기'는 단순한 태도가 아니다. 이는 더 나은 사람으로, 더 단단한 사람으로 살아가기 위한 중요한 선택이다.

'예쁘게 말하기'는 단순히 아름다운 말을 사용하는 것을 뜻하지 않는다. 오히려 진심을 담아 상대의 마음을 헤아리고, 그 사람의 마음에 닿을 수 있는 말을 선택하는 것이다. 때로는 한마디 따뜻한 말이 누군가의 하루를 바꿔 놓을 수 있다. '수고했어'라는 말, '네가 있어서 참 고마워'라는 표현, '너의 노력 덕분이야'라는 격려는 우리가 생각한 것보다 더 큰 마음을 전달한다. 상대를 향한 진심이 담긴 메시지는 단순한 위로나 칭찬을 넘어 사람의 마음을 움직인다.

예쁘게 말하는 것은 나 자신에게도 큰 영향을 준다. 내가 어떤 말을 하느냐는 결국 나의 생각과 마음가짐을 반영한다. 부정적이고 비판적인 말을 반복하면, 나 자신도 그 말에 갇혀 버리게 된다. 반면에 따뜻하고 긍정적인 말을 선택하면, 그 말은 나를 더 나은 방향으로 이끌어 준다. 스스로에게 '오늘도 충분히 잘했어', '조금 힘들어도 괜찮아'라고 말하며 마음을 다독일 수 있어야 한다. 그렇게 할 때 우리는 자신에게 친절해지고, 스스로를 더 단단하게 만들어갈 수 있다.

'따뜻하게 바라보기'는 그저 상대를 관대하게 보는 것이 아니다. 이는 상대의 상황과 감정을 이해하고, 그들이 처한 현실을 존중하는 것이다. 우리는 다른 사람의 삶을 모두 알 수 없다. 그들이 겪는 어려움이나 고통, 숨기고 있는 슬픔은 보이지 않기 때문이다. 그래서 더욱 따뜻한 시선이 필요하다. 누군가 차가운 말이나 불친절한 행동을 보일 때도, 그들의 속사정을 이해하려 노력해야 한다. 그 안에는 말하지 못한 아픔이나 고통이 숨겨져 있을 수 있다.

따뜻하게 바라본다는 것은 결국 상대의 마음을 열기 위한 과정이다. '저 사람은 왜 저럴까?'라는 비난 대신, '어떤 이유가 있을까?'라는 질문으로 접근하는 것이다. 이렇게 바라보면, 비로소 관계가 달라진다. 서로를 이해하려는 시도는 감정을 풀어 주고, 서로를 이어 주는 다리가 된다. 오해와 갈등으로 단절되었던 관계도 따뜻한 시선이 더해지면 다시 이어질 수 있다. 이런 시선은 강력하다. 이 시선은 상대를 존중하는 마음을 바탕으로 하기 때문이다.

많은 사람들이 자신의 마음을 온전히 드러내지 못하는 이유는 두려움 때문이다. 거절당할까 봐, 상처받을까 봐, 자신의 약점이 드러날까 봐. 그래서 사람들은 방어적으로 변하고, 타인과 거리를 두며 살아간다. 하지만 따뜻한 시선은 이 두려움을 녹여준다. 누군가 자신을 있는 그대로 받아주고, 그 모습을 존중해 준다고 느낄 때, 사람은 마음을 연다. 마음이 열린 사람은 더 이상 두려움에 휘둘리지 않는다. 그런 교감이 생길 때, 사람과 사람 사이가 비로소 따뜻해진다.

'예쁘게 말하고 따뜻하게 바라보기'는 나를 단단하게 만드는 가장 큰 힘이다. 그 이유는 바로 이 태도가 나 자신에게도 깊이 영향을 미치기 때문이다. 내가 따뜻한 시선을 보내고, 예쁜 말을 건네면 그 말과 시선은 다시 나에게 돌아온다. 나의 말과 행동은 결국 나의 세상을 만든다. 차갑고 날카로운 말들은 나의 삶을 그 색깔로 물들인다. 반대로 따뜻하고 친절한 말과 시선은 나의 삶을 한결 부드럽고 풍요롭게 만든다.

마지막으로, 예쁘게 말하고 따뜻하게 바라보는 것이 '좋은 사람'이 되기 위한 노력으로만 느껴지지 않았으면 한다. 이는 세상을 살아가는 강력한 방법이다. 세상은 여전히 차갑고 날카로운 일들로 가득하다. 우리가 맞서 싸워야 할 상황도 많고, 때로는 우리의 따뜻함이 인정받지 못하는 순간도 있을 것이다. 그러나 이런 순간일수록 더 단단하게 마음을 다져야 한다. 예쁜 말을 건네고 따뜻한 시선으로 바라보는 것은 결국 나 자신을 지키고, 나를 더 강하게 만드는 태도다.

그 힘을 믿고, 그 태도로 세상을 바라볼 때, 우리는 비로소 진정으로 단단한 사람이 될 수 있다.

"예쁘게 말하고, 세상을 따뜻하게 바라볼 용기를 가지게 되기를"

더 일찍 알았으면 좋았을
태도의 힘

살면서 누구에게나 기회는 찾아온다. 물론 그 기회의 크기와 시기는 모두 다르겠지만, 인생에서 완전히 기회를 벗어날 수 있는 사람은 없다. 다만 우리는 그 기회가 얼마나 중요한지, 어떻게 그 기회를 알아보고 잡아야 할지 알지 못한 채 놓쳐 버리곤 한다. 기회를 놓치는 이유는 단순하다. 기회는 우리가 생각하는 것처럼 눈에 띄지 않는다. 기회를 알아보고, 잡기 위해서는 준비가 필요하다. 그 준비의 핵심이 바로 '좋은 태도'다.

많은 사람들은 기회가 오면 자연스럽게 알아보고, 그저 잡기만 하면 된다고 생각한다. 하지만 기회를 알아보는 것도, 잡는 것도 결코 쉬운 일이 아니다. 좋은 태도가 없다면 기회는 그저 스쳐 지나갈 뿐이고, 실력과 노력이 부족하다면 기회를 잡을 수 없다. 좋은 태도는 기회를 불러오고, 실력과 노력은 그 기회를 내 것으로 만든다. 이 두 가지는 언제나 함께 간다.

나 역시 20대, 30대에 수많은 기회를 만났다. 내 스펙이나 경력으로는 넘볼 수 없는 자리를 제안받기도 했다. 하지만 그때 나는 그게 얼마나 큰 기회였는지 알아보지 못했고, 준비되지 않아서 기회를 잡지 못한 것도 많았다. 시간이 지나면서야 깨달았다. 그때 더 좋은 태도로 준비하고, 용기를 내고 도전했더라면 내 인생은 크게 달라졌을 거라는 것을.

20대와 30대는 기회가 가장 많이 찾아오는 시기다. 그러나 이 시기에는 준비되지 않은 사람이 더 많다. 신기하게도 40대, 50대가 되어야 비로소 많은 것을 깨닫게 된다. 40대가 되면 자신이 어디에 있는지, 자신의 위치가 명확히 보이기 시작한다. 내가 다니는 회사를 떠나도 내 가치를 인정받을 수 있는지, 내 실력이 진짜인지 허상인지가 분명해진다. 50대가 되면 더욱 실감하게 된다. 내가 지금 하는 일과 하려는 일들은 20대, 30대에 준비했어야 했다는 사실이 아쉽게 다가온다.

좋은 태도는 나이에 따라 그 역할이 달라진다. 20대, 30대의 좋은 태도는 패기와 당당함으로 기회를 끌어당긴다. 하지만 40

대, 50대가 되면 좋은 태도는 리더십과 성숙함으로 나타난다. 젊은 시절에는 태도가 기회를 불러오는 자석이지만, 나이가 들면 사람들에게 신뢰와 존경을 쌓는 바탕이 된다. 20대, 30대에 만날 수 있는 기회와는 그 모양이 다르다.

나 역시 그 시절로 돌아갈 수 있다면, 내 인생의 모든 힘을 그 시기에 다 걸었을 것이다. 40대, 50대가 되면 모두가 알게 되는 사실이 있다. 절대 올 것 같지 않던 나이가 너무나도 빠르게 찾아온다는 것이다. 나는 내 인생에서 이런 나이가 오리라고 생각해 본 적도 없었다. 그러나 지금의 나를 보며 깨닫는다. 기회는 계속해서 찾아오는 것이 아니라, 그때가 기회의 황금기였다는 것을.

더 일찍 알았으면 좋았을 '태도'의 메커니즘을 당신이 알게 되기를 원한다. 나보다 더 멋지고, 더 크게 인생을 풀어 나가기를 바란다. 이 책을 통해 당신이 멋진 삶의 태도를 가지게 된다면, 이 책의 가장 큰 성공이 될 것이다.

"이 책을 읽는 당신에게 행운이 함께 하기를!"